越後歴史紀行

武者たちの黄昏

渡辺れい

はじめに

戦には勝者と敗者がいる。勝者は声高に己が勝利を喧伝《けんでん》し、敗者は黙って奥歯を噛む。歴史を上書きする権利は大抵が勝者のものだ。

戦国時代末期、上杉謙信というカリスマの登場で越後は急速に統一への道を駆け始める。時代が生んだ大きなうねりはやがて新たな敗者を生みだしてゆく。その中には踏み潰《つぶ》され滅んだ者も少なくない。決して語られることのない敗者の理屈。彼らの小さな声に、耳を澄ましてみたいと思った。

本書の新潟日報紙上での連載はこの書き出しで始まった。

歴史へのアプローチの仕方はさまざまである。中でも一般的なものが古文書の解読であろう。「原文はなかなか」という方でも、楷書に直してあったり、下し文になっていたりすれば、読める方も大勢おられるのではないだろうか。

メディアの種類が限定的だったほんの百年ほど前まで、意思疎通の一般的な手段といえば手紙であった。

手紙には、大きく分けて二通りの種類がある。

一つは起請文《きしょうもん》などに代表される、約束事を取り交わす際の証文類である。味方になるよう促したり、その際の条件や恩賞の約束などを記したりしている。ほかに、領地や権利を承認する安堵状や感謝状にあたる感状なども この証文の類に含まれる。これらはもともと残しておくべきものだから結果として後世に残りやすい。

いま一つは、親しい者同士が取り交わす書状である。

時代劇を見ていて、「○○様より書状がまいっております」などと言って配下の者が書状を差し出すと、それを受け取った主がサッと目を通してすぐに火にくべる。そんなシーンを目にした方も大勢おられると思う。

手紙のやり取りは、一般的に、親しい者同士の間で行われる。それは今も昔も変わらない。気心の知れた仲だけに、自然、本音を書き連ねることもあったろう。そもそも、相手を信頼していなければ、証拠の残る手紙での交信などありえない。言い換えれば、本音を書くほど親しい仲は、読後の手紙は残さないというのが常識であったと思われる。つまり、書状が残ること自体、そもそも「普通じゃない事態」なのである。

歴史はこれら残った文献を手掛りに組み立ててゆくパズルのようなものである。特に書状や証文の類は一次史料といわれ最も信憑性《しんぴょう》が高いとされる。だが、手紙は本来残る性格のものではない。事の核心に迫っているほど残される可能性は低い。文献とは本来残そうとしない限り残らないものであり、見方を変えれば、残っている文献は残ったのではなく、あえて残された可能性が高いのである。

歴史を上書きする権利と文書を取捨選択する権利とはほぼ同義語であり、しかも大抵は勝者の側が主導権を握っている。従って勝者にとって都合の悪い情報は、よほどのことがない限り抹殺される。

「小さな声」を聞くには、残された文献の行間を読み、状況を整理し、一度組み立てられたパズルをもう一度組み直してみなければならない。そのために旅をし、話を聞く。耳を澄ますとはそういうことである。

ものごとに表と裏があるのはいつの時代も変わらない。時の権力が隠そうとしたもの、そこにこそ、時代の核心が隠れているように思えてならない。

この難しいテーマに挑むにあたって、各方面でご指導いただいたさまざまな方へ、心より感謝申し上げるとともに、厳しくも温かいご批判をいただいたすべての読者の皆様に、あらためてお礼とお詫びを申し上げる次第である。

渡辺 れい

目次

はじめに　3

越後という国——二人の上杉を討った男

天水越の追撃　14
六万騎山麓　長森原の戦い　18
上杉定実　春日山城占拠　22
上条の乱　24
決戦！　三分一原　26
新たなる紛争　31
越後という国　34

高城攻防戦

高城攻防戦（序）　38

高城攻防戦（一）　41
長尾藤景謀殺　44
高城攻防戦（二）　49
高城攻防戦（三）　53
再び戦の跡を追って　56
高城攻防戦（四）　60
人面村と土田道閑　64
下田の旅を終えて　67
本庄城包囲戦
本庄城包囲戦（序）　72
揚北衆　74
本庄城包囲戦（一）　78
繁長、府内を去る　81
本庄城包囲戦（二）　84
本庄城包囲戦（三）　88

村上の町を歩く 91
本庄城包囲戦（四） 96
本庄繁長の乱がもたらしたもの 99

北条・安田という名族

北条・安田という名族（一） 104
北条・安田という名族（二） 107
北条城を訪ねる 111
北条高広のプライド 114

御館――*Otate*

御館――*Otate*（一） 120
御館――*Otate*（二） 124
鮫ヶ尾城跡にて 127
上田長尾氏と古志長尾氏 130
三条城の攻防 131

下越大乱

下越大乱（序） 136
下越大乱（一） 139
新発田重家の無念 142
新潟戦争 146
下越大乱（二） 151
信長から秀吉へ 154
八幡表の戦い 157
秀吉の覇権 159
下越大乱（三） 160
重家怨霊伝説 164
落日の丘 165
越後という国の黄昏 168

あとがき 172

越後という国——二人の上杉を討った男

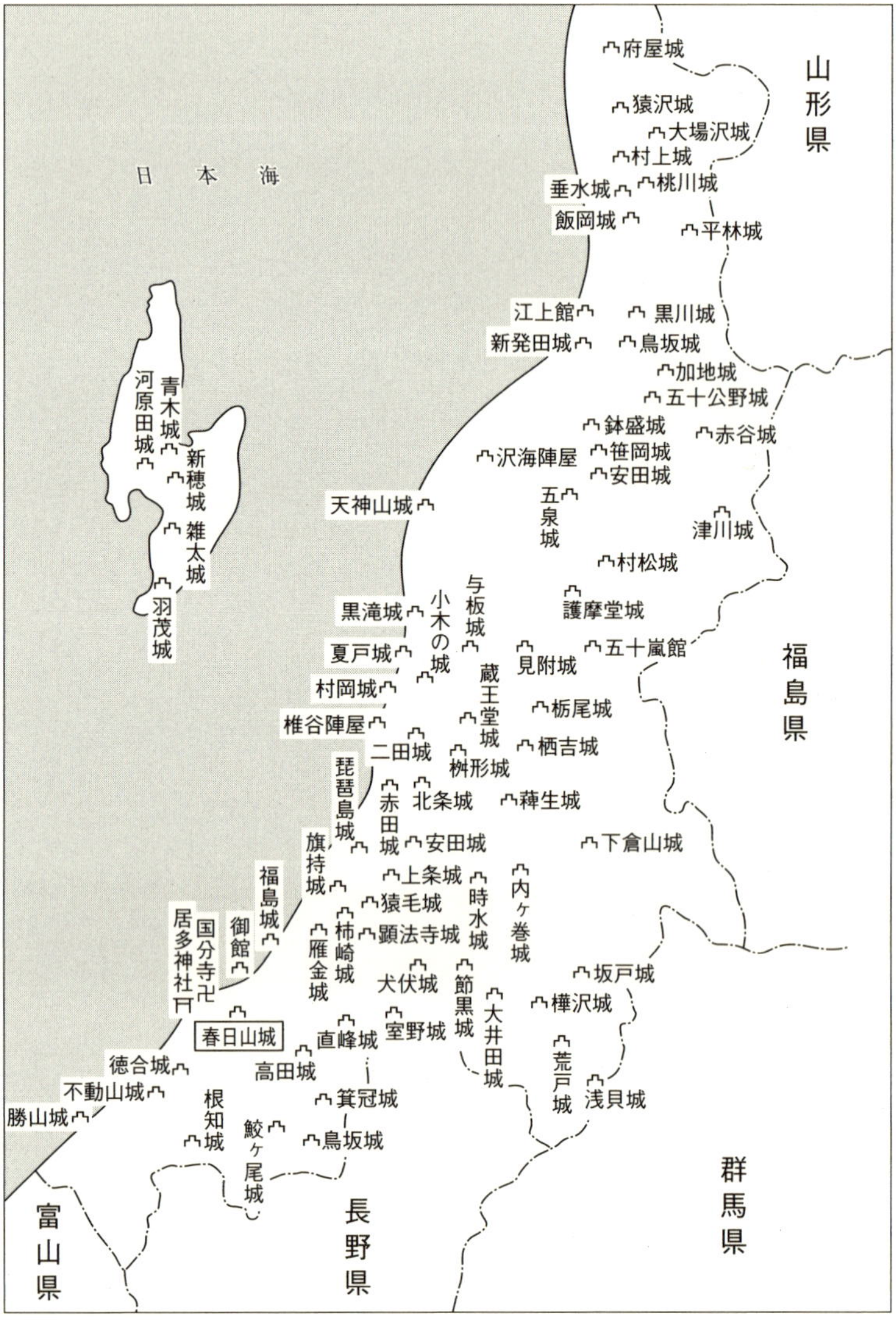

新潟県における主な城館跡　『頸城村史』通史編（1988年）から作成

上杉という柱が揺らいだ時
一人の男が野心を抱いた
越後の混乱はこの時に始まる

長尾景虎《かげとら》（後の上杉謙信）が病弱な兄、晴景《はるかげ》を追って長尾家の家督と越後守護代の職を継いだのは天文十七（一五四八）年の暮れのことである。

この時の越後を取り巻く情勢は厳しく、出羽からは最上《もがみ》氏が、信濃からは武田氏が、越中からは神保《じんぼう》氏が虎視眈々《こしたんたん》と侵略の機会をうかがっていた。しかも、それらを迎え撃つべき国内の情勢はさらに厳しく、幾つもの勢力が反目し合い、ひしめき合うまさに混乱のさなかにあった。越後は一つの国と呼ぶにはあまりに遠い状況にあった。

惨憺《さんたん》たる国情の遠因はいったいどのあたりにあるのか。その鍵を握る人物こそが景虎の父、長尾為景《ためかげ》であろうと私は思っている。

景虎の家督相続よりさらに四十二年前、時は永正三（一五〇六）年九月にまで遡《さかのぼ》る。

■天水越の追撃

室町幕府の強制力が弱まった原因の一つに地方の半独立がある。日ごろ国許《くにもと》にいない守護より実際に現地で実務を振るう守護代の方に国人領主層が従うという現象である。越後の場合、上杉氏と長尾氏がこの関係にあった。

越後守護上杉房能《ふさよし》は弱まりかけた守護の力を取り戻そうと、時の流れに逆らうかのような政策を打ち出す。すなわち検地台帳を見直し租税徴収を徹底して、それまで守護代の長尾氏に任せていた土地支配を、じかに統治しようともくろんだのである。

明応七（一四九八）年五月、房能はついに国人領主層の特権であった守護不入の権益（国人領主層の土地には守護の権力が介入できない）をも廃止する。在地勢力の不満は鬱積《うっせき》し、上杉氏への信頼と忠誠は大きく揺らぐことになる。

そして迎えた永正三（一五〇六）年九月、房能に比較的恭順の姿勢を示していた守護代長尾能景《よしかげ》が、一向一揆討伐のため遠征した越中般若野《はんにゃの》で思わぬ大敗を喫し討死してしまう。能景に代わり長尾家の家督と守護代の職を継いだのは実子の為景であった。為景は父とは対照的に房能とことごとく対立する。それはあたかも国人領主層の不満を代弁するかのようであった。

翌永正四年八月、府内に「守護代殿謀反」の噂がささやかれるなか、為景は機先を制すべく行動を開始する。

まず「謀反」の誹《そし》りから逃れるため房能の養嗣子、上杉定実《さだざね》を擁立した。定実の生年が不明なため、この時の年齢は定かでないが、没年（一五五〇年）から推察すると恐らく十五歳前後ではなかったかと思われる。

為景は一日、府内において兵を挙げ、房能の居館である守護館を囲んだ。先手を取られ、なすすべのない房能は翌二日、わずかな手勢を連れて館を脱出する。実兄で関東管領の上杉顕定《あきさだ》を頼るべく関東へ向け落ち延びようとしたのだ。

だが為景はこれを逃さなかった。すぐさま追撃をかけ、やがて松之山郷天水越《まつのやまごうあまみずこし》（十日町市松之山天水越）で一行をとらえる。このあたり、為景の房能に対する厳しい感情が伝わってくる。

七日午後、追い詰められた房能はついに自害して果てた。

平成二十（二〇〇八）年の師走も、はや半ばにさしかかった十二月十三日、松之山を訪ねた。前の週、けっこうな寒波が来襲し残雪が気がかりだったが、思ったほど雪はなく天

山間の風景　天水越は冬の装いだった

候にも恵まれ、比較的穏やかな旅になった。

天水地区は中山間地に開けたこぢんまりとした集落で、特にここの棚田は写真愛好家の間ではかなり有名な撮影スポットらしい。確かに集落のあちこちに湧き水が見られる。私も手ですくって飲んでみたが、なるほど有名な棚田米のブランドはこの甘く透明感のある水が支えているのだ、と、納得させられる美味《うま》さであった。

房能は府内を脱出した後、直峰城《のうみねじょう》へ立ち寄り、その後ほぼ真っすぐ東へ東へと落ちたことになる。一行は恐らく現在の国道二五三号に沿って落ち、三国峠を目指したものと思われる。後に謙信が関東へ向かう軍道として整備するいわゆる「上杉軍道」のルートとほぼ一致する。してみると謙信が整備するはるか前から、この道は既に山越えの裏道として名の通った抜け道だったことがうかがえる。

そうだとすれば房能は誰もが知っている道を逃げたわけで、裏を返せば房能自身、自分が殺されるとまでは思っていなかったきらいがある。それが八箇峠《はっかとうげ》を前に思わぬ待ち伏せに遭い、たまらず松之山まで逃げ込んだ、というのが私の想像するところである。

予想外の急襲を受け随分慌てたのだろう。少なくとも旧松代町《まつだいまち》の辺りまでは、為景とどう妥協するか、どの程度権限を譲るかくらいのことは考えていたかもしれない。道々「なぜ自分がこんな目に遭わねばならないのか」と付き従った家臣相手にぶつぶつぼやいている房能の姿が目に浮かぶ。それだけに、相手の意図が自分の首にあると悟ったときの房能の心中はいかばかりであったろう。自分目掛けて飛んでくる矢の先にただならぬ殺気を感じ取った房能は、このとき初めて事態の深刻さと己の認識の甘さを痛感したに違いない。

慌てた房能は街道を大きく南に外れ、さらに山奥へと逃げ込む羽目になったのだろう。

房能が天水越のどの辺りで自害に及んだのかは分からない。おおよそ五百年前、人家はもっとまばらで平地も道も狭く草深い山中だったと思われる。ただ地中より湧き出る水の音、少し強めの噴出音だけは今も当時のままを伝えているように思えてならない。山ノ内上杉氏の一族として生まれ、越後守護にまでなった大家の跡取りが最後に耳にしたのは、この水の音だったのかもしれない。時に永正四年、無念の自害はまだ暑さの残る八月七日(九月中旬)午後二時ごろのことだったという。享年は明らかでないが、五十路に踏み込んで未だ間もなかったと伝えられる。

■六万騎山麓　長森原の戦い

関東管領上杉顕定による越後侵攻は翌々年の永正六(一五〇九)年七月に始まった。これは実弟である房能を死に追いやった上杉定実と長尾為景に対する報復とみられる。顕定に付き従った関東勢の数はおおよそ八千、遠征軍としてはかなりの規模である。この数と勢いに圧されたのか、早速身内から裏切りが出る。上田長尾氏の当主、長尾房長《ふさなが》が顕定に従う姿勢を見せ、居城である坂戸城は遠征軍の拠点となった。長尾氏が割れたことと、大軍勢に拠点ができたことで、様子見を決め込んでいた揚北衆《あがきたしゅう》までもが為景の敵に回った。

八月、この事態を受け為景は擁立した定実と共に越中に逃れる。

一方、顕定は府内に入り越後統治を始めた。しかしその政策は強硬で、房能のときと同様、国人領主層の反発を買う。そういう情勢の変化を巧みにとらえ、為景は越中の地から徐々に越後の諸勢力を糾合していった。

翌永正七年四月、軍勢を立て直した為景は一度佐渡へ渡り、そこから蒲原津（新潟市）に上陸、六月上旬には寺泊まで軍を進める。一方、為景の動きを知った顕定も時をおかず府内を発進している。双方とも満を持しての出陣だったと思われる。だが裏工作の巧みさにおいて為景に一分の利があった。時を追うごとにその効き目は具現化し、やがて顕定方の勢いは目に見えて衰え始めた。前年に攻め落とした黒滝城（弥彦村）を奪回されるなど予期しなかった敗戦が重なり、やがて顕定方諸将のなかに寝返りが起こり始める。戦の趨《すう》勢《せい》を敏感に感じ取ったのだろう。そしてついに坂戸城の長尾房長も為景方に寝返る。顕定はいつの間にか退路を断たれる格好になっていた。

六月二十日、関東方面へ撤退中の顕定に為景が追撃をかけた。坂戸城北方にあたる六万《ろくまん》騎山《きやま》、そのふもとの長森原《ながもりはら》で野戦になった。顕定方はおよそ八百、追撃する為景方はおよそ五百。激戦の末、為景の外祖父（伯父という説もある）で北信濃の高梨政盛《たかなしまさもり》が顕定の首を挙げ、関東勢は総崩れとなった。

旧六日町（現南魚沼市）六万騎山麓、長森原。師走の風が開けた平地を渡り、一度山に当たってから吹き下りてくる。魚野川と六万騎山とに挟まれた背水と背山の平原は、決戦

上杉顕定公史跡公園　公園の中にある塚はよく整備されている

の舞台にはふさわしい空間のように思えた。

　攻める為景軍は五百、迎え撃つ顕定軍は八百。数で勝る顕定軍は敵の猛攻を何とか防ぎ一度は撃退する。少なくともこの時点では顕定の旗本もそれを守る軍兵たちも大いに士気が上がっていたに違いない。ところが間もなく事態は急変する。為景軍が退いた後、次に備えて態勢を整えているところへ、側面から高梨政盛率いる七百騎が突っ込んできたのだ。騎馬による奇襲である。

　六万騎山のふもと、国道二九一号沿いに上杉顕定公史跡公園がある。稲の切り株が残る広い平地は、やや曇りがちの空に心なしか震えているように見えた。

上杉顕定公史跡公園　古戦場跡を今に伝える公園の碑

公園それ自体はさほど広くないが、顕定を弔う塚、討死の地を伝える碑、ほかに顕定の詠んだ句が刻まれた石碑などが立つ。古戦場跡としてはかなり整備された公園で、地元の方々の熱意が伝わってくる。

不意を突かれた顕定軍はにわかに浮足立ち、備えの守備隊は崩れ、顕定を守る旗本がじかに応戦する有様となった。このとき、顕定と高梨政盛が直接太刀を交えたとする逸話があるが、首級を挙げたのが大将自らというのも話が出来過ぎていてにわかには信じ難い。恐らく後の脚色によるものだろう。

旗本がどれほど持ちこたえたかは明らかでないが、結局顕定は逃げられなかった。たとえ選りすぐりの旗本でも騎馬兵相手に多くの時間を稼ぐなど、とてもできなかったのだろう。顕定は追い詰められついには首を取られてしまう。首を斬《き》られるその瞬間まで、顕定には何が何だか分からぬままだったに違いない。関東管領と越後守護を兼任する立場にある者が、事もあろうに一度は打ち負かしたかつての守護代ごときに殺されようとは、よもや思いもしなかったに違いない。すっかり寂しくなった蒼茶色の山肌と、それにかぶさるように浮き上がる木守《きまも》りの朱色を眺めながら、頬にあたる冷たい風に冬の訪れを感じた。

■上杉定実　春日山城占拠

定実は柏崎の上条《じょうじょう》上杉氏の出である。それが子のなかった越後守護上杉房能の養子になった。義理とはいえ父と呼ぶべき相手を自ら死に追いやった心の内は、いったいどのようなものだったのだろう。

為景は関東管領上杉顕定を長森原で敗死させた後、定実に妹を嫁がせ、嫡男晴景を養子に送り、越後守護上杉家の外戚となった。やがてその立場を背景に専横を振るい始める。このことに強い反感を抱いたのが他の誰あろう定実自身であった。随分と思い悩んだ末の

春日山神社　休みともなれば大勢の観光客で賑わう

ことだろうが、ついには為景に対し反旗を翻す。時に永正十（一五一三）年九月のことである。

ここに為景の生涯における最大のライバルが登場する。定実の実家である上条上杉家の当主、上条《じょうじょう》定憲《さだのり》である。定憲はこの後三度にわたり為景に対して兵を挙げることになる。

春日山城が定実によって占拠され、時を同じくして宇佐美《うさみ》房忠《ふさただ》（恐らく上条家被官）が小野城（上越市柿崎区下黒川小の裏山）で挙兵した。裏で何があったのかは分からぬが、この時点で揚北衆は守護方（定実方）に付いている。これに対し為景はまず小野城の宇佐美を攻めた。不思議なことに、ここで守護方に付いたはずの揚北衆の中から中条、新発田《しばた》の両氏が為景方に寝返る。裏で為景と上条定憲との虚々実々の駆け引きがあったことが想像される。

十月、春日山の定実は為景の手に落ち、城から出されて荒川館に幽閉されてしまう。御輿《みこし》を奪われた格好の守護方は何とか関東方面との連絡を確保しようと残存勢力を結集して上田の坂戸城を攻めた。これに対し為景が大軍を率いて坂戸城主・長尾房長の援軍に向かう。

そして迎えた永正十一年正月、両軍は上田荘六日市で激突した。この戦で守護方は壊滅し、さらに五月には宇佐美房忠も自害に追い込まれる。こうして当面の敵を駆逐した為景はいよいよ戦国大名としての一歩を踏み出すことになる。

ちなみに、六日市の合戦の際「刀折れ矢尽きてもなお、両者は戦いをやめず」互いに雪を固めて投げあった、という伝承があり、それが雪合戦の始まりだとする逸話がある。

■上条の乱

守護方の壊滅を契機に為景の越後における覇権は拡大の一途をたどる。この背景には大きく三つの要因が挙げられる。

長尾景虎誕生ごろ（1531年）の越後国内図

『上越市史』通史編２　中世（2004年）

一つは、府内（三条）、古志、上田の長尾三家が結束し、なおかつ揚北衆の支持を得ていたこと。

二つ目は古河《こが》公方《くぼう》、関東管領と和睦し、将軍家からは毛氈《もうせん》の鞍覆《くらおおい》・白傘袋《しろかさぶくろ》を許され、いわば大名として列せられたこと。

そして三つ目に室町幕府管領、細川高《たか》国《くに》の後ろ盾があったことがあげられる。幕府の実力者が後ろ盾にいたからこそ揚北衆は味方に付いたのだろう。

守護方の壊滅以降、為景は更に統制を強め、定実の傀儡《かいらい》化はますます進み、国人領主層の不満は大きく膨らんでいった。六日市の大敗から十六年を経た享禄三（一五三〇）年、長尾三家の結束、揚北衆の協力、この関係に楔《くさび》を打ち込もうと上条定憲が再び動く。

だが事は定憲の思うように展開しなかった。いち早く動いた為景が蔵王堂《ざおうどう》（古志長尾）の長尾景信《かげのぶ》の協力を得、さらに揚北衆に上条城（柏崎市）を攻めさせた。後手に回った感のある定憲に味方する国人衆は少なく、定憲はたちまち窮地に陥った。そこへ将軍足利義《よし》晴《はる》の仲介が入り、年明け間もなく乱はいったん収束する。

だがこの年、享禄四年六月、為景にとって思いもよらぬ出来事が上方で起こる。管領　細川高国が三好元長《もとなが》らに追われ摂津《せっつ》天王寺の戦いで自刃してしまったのだ。為景は大きな後ろ盾を失う羽目になった。上条定憲はこの機を逃さなかった。

天文二（一五三三）年九月、ここに定憲の三度目にして最大の反抗が始まる。

■決戦！　三分一原

この乱ははっきりと越後を二分した。上条方には上田長尾氏の長尾房長と揚北衆らが、為景方には古志長尾氏の長尾景信と北条高広《きたじょうたかひろ》、安田景広《かげひろ》らの越後毛利氏、三条の山吉政久《やまよしまさひさ》などが付く。この後、謙信の時代を経て御館《おたて》の乱に至るまで、度々繰り返されることになる上田長尾と古志長尾の対立の構図は、恐らくこのときが始まりであろう。

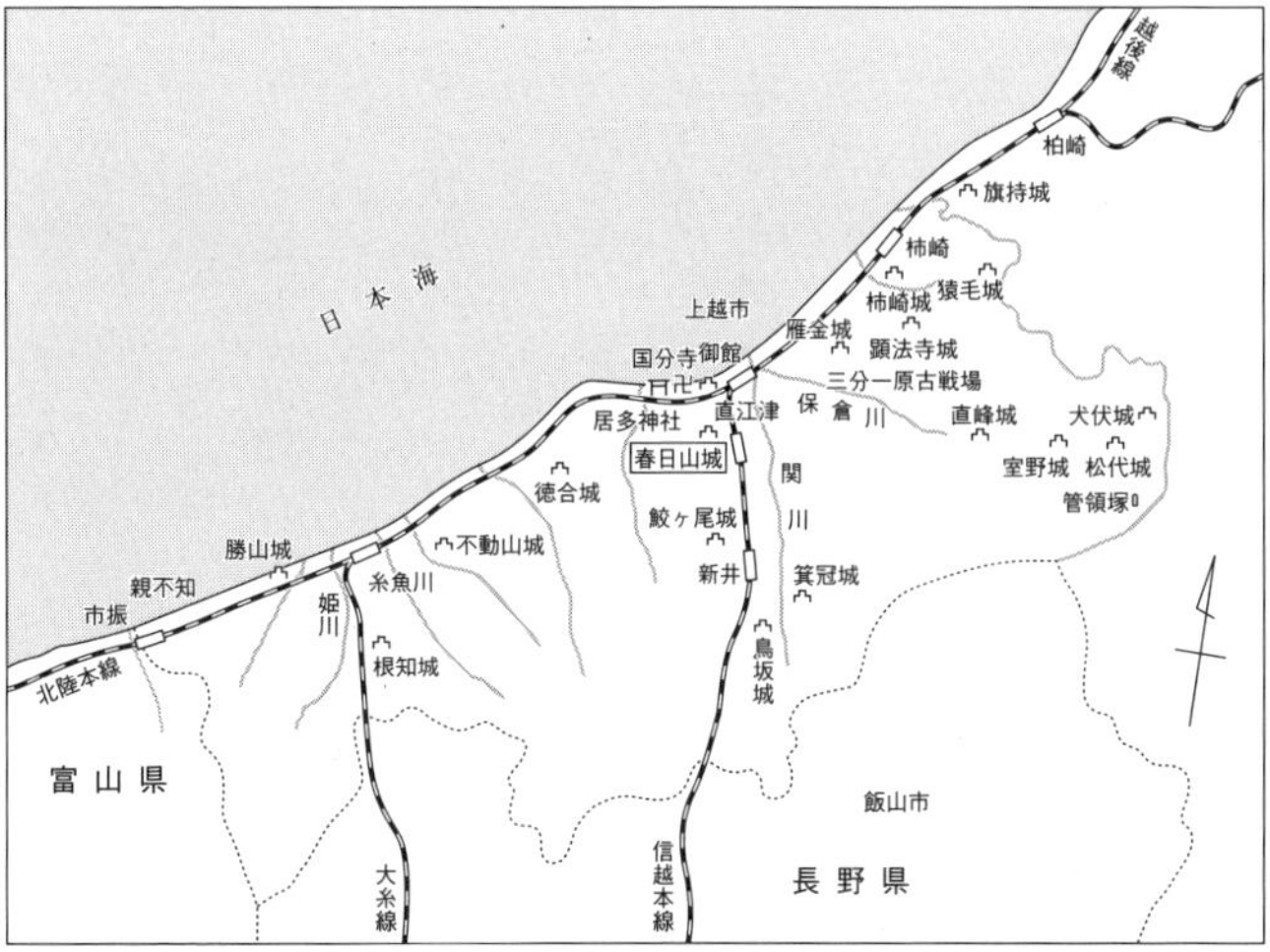

春日山城とその支城　『頸城村史』通史編（1988年）から作成

　両軍の激突は天文四（一五三五）年、為景の宇佐美攻めから始まる。だが、既に大きな後ろ盾を失っている為景に過日の勢いはない。結束を誇ってきた長尾三家は割れ、揚北衆は上条方に付いた。戦意がやや劣っていたのかもしれない、そのせいで戦い方を間違えた可能性もある。とにかく為景はこの宇佐美攻めで思わぬ敗戦を喫した。一つの敗戦は戦局に重大な影響を及ぼす。守勢に転じた為景に味方する者は少なく、勢いに乗じた上条方は古志長尾氏の拠点、蔵王堂を囲んだ。

　為景の朝廷工作がいったんは功を奏し、四方敵だらけの窮地からは何とか脱したものの、その後も上条方の勢いは衰えず、為景は戦線を縮小して府内の防衛に専念せざるを得ない状況に陥った。

翌天文五年四月、上条方は攻勢を強める。十日、宇佐美定満《さだみつ》、柿崎景家《かげいえ》率いる兵三千が府内に迫った。迎え撃つ為景方は旗本を中心におおよそ二千。府内そのものを守るという戦略から籠城戦は採らず野戦に打って出た。戦場は保倉川《ほくらがわ》沿いの湿地、三分一原《さんぶいちがはら》（上越市頸城《くびき》区三分一）。ほぼ総力戦となった戦いは為景方が敵兵千余名を討ち取り、昼すぎには大勢が決した。

首の皮一枚で何とか府内長尾家の力を保った為景だったが、往時の勢いを取り戻すまでには至らず、家督を長男晴景に譲り隠退、この年の暮れ（六年後の天文十一年十二月とする説もある）にこの世を去った。

越後に戦国時代をもたらした一代の奸雄《かんゆう》は、その死因も時期もいまだ謎に包まれたままである。

上越市頸城区三分一。北陸自動車道が保倉川を渡るその真下に三分一原古戦場はある。ちょうど高速道路の高架橋に分断される形で残っており、その一方には「三分一原合戦場跡」の碑と、「頸城村教育委員会」による掲示板が立てられている。それによれば、当初上条方だった柿崎景家が昼になって突如為景方に寝返って背後を突き形勢は一気に為景に傾

三分一原古戦場を伝える碑　戦の簡単な経緯も、すぐ脇の掲示板に記されている

いたという。

　保倉川はかつて大きな蛇行を繰り返す暴れ川で今より川幅もあった。大正時代の地図を見るとその様子がうかがい知れる。三分一原はその蛇行部分の大きく湾曲した箇所で、泥と沼と葦の生い茂る、例えるなら中州のような沼地だったと推察される。

　府内の絶対防衛ラインとして為景はこの泥沼の地を戦場に選んだ。それは恐らく、勢いに乗じて襲いかかってくる上条軍をいかに迎え撃つか、その難しさを考え抜いたうえでの戦術だったに違いない。足元のおぼつかない沼地では人が立っていられる場所は限られる。多勢に無勢で、しかも士気の高い敵を相手に戦

「三分一原合戦場跡」碑の近くの葦の杜　印象としてこちらの方が古戦場らしい

うには、こちらの不利を考え合わせても、戦える場所が限定された泥沼地の方がまだ幾分かましだったのだろう。

　柿崎景家の寝返りについては突然の心変わりとは考え難く、やはり事前に為景が手を回していたと推測するのが普通であろう。長尾為景という男のすごさは、追い詰められた土壇場にあっても、この手の裏工作を欠かさない、そういう手腕にあったのだと思う。たとえ辛勝であってもこの戦に勝ったことで、少なくとも府内を戦場にしなくて済んだことは確かで、この事が、後に謙信の時代を支える経済的基盤として機能することになる。

長尾為景という人物は負けないための手段をどんな状況下にあっても捻《ひね》繰り出せ

る、そういう能力を持った武将だったのだろう。

三分一原の決戦は、府内と春日山城を守ったという一点で越後における天下分け目の戦いだったといえる。その大一番の戦場を示す碑は高架橋に遮られた小さなスペースにひっそりと立っている。各地に残る古戦場を訪ねると、「ここが？」と思えるほど抱いていたイメージと眼前に広がる景色の違う場合が多い。この三分一原も、高速道路と行き交う車の絶え間ない轟音《ごうおん》を耳にするにつけ、多くの古戦場と同様のイメージギャップを感じた。だがそれは決して不快な違和感ではなく、埋もれてしまった歴史、とりわけそれが越後にとって天下分け目の戦だっただけに、かえって権力と威勢の盛衰を感じさせる「遺跡」に思えたのである。それは一面、心地よくさえあった。

■新たなる紛争

府内長尾家の家督が景虎（後の上杉謙信）に譲られるまで、越後はもう一度大きな波乱に見舞われる。それが伊達《だて》家の家督争いにからむ揚北衆の分裂とそれに伴う上田対古志の両長尾家の勢力争いである。

家督を譲られた長尾晴景は早々に上条定憲や揚北衆との妥協の道を探り始める。その成果のひとつが幽閉されていた定実の守護復活であった。定憲や上田長尾氏が矛を納めたこともあって、越後は一時の分裂状態からようやく和平の道へと歩みを変える。

実子のなかった定実は次代の越後守護職のため養子を迎えたいと願う。定実が白羽の矢を立てたのは当時米沢を拠点にしていた伊達氏の当主伊達稙宗《たねむね》の子、時宗丸《ときむねまる》（後の伊達実《さね》元《もと》）であった。どういう経緯でそうなったのかはいまひとつはっきりしないが、裏で揚北衆きっての実力者、中条藤資《ふじすけ》が動いたことは疑いの余地がない。

中条藤資の娘は伊達稙宗の側室であり、時宗丸は藤資の外孫ということになる。外孫を次代の越後守護職に据えれば守護の外戚として権勢を振るえるばかりか、揚北衆の中で二歩も三歩も抜きん出ることができる。定実に働きかけるのも、さぞ熱を帯びたことだろう。ほかに定実と時宗丸が縁戚関係にあったとする説もあるが、真偽のほどは不明である。

中条氏の一人勝ちをほかの揚北衆の諸氏が黙って見逃すはずもない。同じ一族の本庄氏をはじめ、新発田氏、黒川氏などがこぞって養子縁組に反対した。彼ら反対派が御輿に担いだのが長尾晴景である。それまで定実を立て政治の一線から距離を置いた格好の晴景だったが、本人の意思とは無関係に、再び表舞台に立つこととなった。ここに「中条—伊達」ラインと「揚北衆—晴景」ラインが成立し、双方火花を散らすことになる。

だが、この養子問題は間もなく勃発する伊達家の内紛「天文の変」であっけなく頓挫する。すっかり気力を失った定実は隠退を申し出る始末で、ここに至り晴景は、こじれた揚北衆の関係修復と守護代としての統率能力の両方を期待され、指導者としての器量を試されることになる。

晴景の能力に関する記述は後世によるもので、実際はどうだったのか定かでない。ただ病弱だったことは確かなようで、このことがあるいは、決断の際に何らかの影響を及ぼした可能性はある。だが私はそんなことより、むしろ為景に与《くみ》したおかげで、このころ冷や飯を食わされていた古志長尾氏が、起死回生のために担ぎ出そうとしていた栃尾の景虎を正当化するため「晴景無能力説」を吹聴したように思えてならない。そうでなければ、上田衆、特に長尾政景《まさかげ》あたりは暗君に固執する愚臣ということになってしまうからである。

いずれにしても、先の養子問題の際に成立した「揚北衆―晴景」ラインに対し、よりどころを失った中条藤資が新たな御輿を探していたのは事実で、目覚ましい武功をたてる景虎に目を付けたのは当然のことであったろう。

こうして「中条藤資―景虎―古志長尾氏」の新たな構図ができ、「揚北衆―晴景―上田長尾氏」の旧ラインと対立した。

天文十七（一五四八）年暮れ、定実の仲介で家督は晴景から景虎に譲られたが、越後の対立軸は依然残されたままで、さらに武田や一向宗など国外からの圧力が一層厳しさを増すという、絵に描いたような内憂外患の中で、いよいよ景虎の越後が始まる。

■越後という国

新潟日報　2008・7・7

「越後は関東の背後を突く」。十二世紀末に発足した鎌倉幕府はこの国をそう位置づけていたようだ。安全保障上重要な地と映ったのだろう、関東の御家人《ごけにん》を地頭として多数入国させている。後に「揚北衆」と呼ばれる者たちである。縦に長く、また関東とは異質なある種の湿り気を持つこの国を、彼ら坂東武者《ばんどうむしゃ》たちはどう感じたのだろうか？

それから百五十年ほど経た十四世紀半ばごろ鎌倉幕府は滅び南北朝時代が始まる。長い年月を経て在地豪族化した揚北衆や南朝方の諸将を何とか束ねなければならない。足利幕府は関東管領家上杉氏をその任に充て、上杉氏は家宰（重臣）の長尾氏に実務を託した。「国衙《こくが》の支配機構を掌握することは一国を全体的に支配することを可能にする」（『下田村史』より）上杉、長尾氏は縦に長く、諸豪族が割拠するこの国を「国衙」という機能を用いて統治しようとした。国衙は国の府のことで、強いて例えれば現在の県庁にあたる。越

春日山の謙信公銅像　城の登り口にあって府内をにらむ。ある意味、象徴的な構図かもしれない

後国府は五智《ごち》（上越市）にあり国府の領域とその中心部を府内と呼んだ。府内に政庁を構えた越後守護上杉氏は魚沼、古志、蒲原の各郡を掌握するため上田（六日町）、栖吉（長岡）、三条に郡衙を置きそこに守護代長尾氏の一族（宗家は当初、三条を拠点にしていた）を充てた。こうして府内から蒲原に至る領域は大方が国衙の統治するところとなったが、上田、栖吉の両長尾氏は府内の主導権をめぐってこの後、権力争いを繰り返すことになる。さらに府内の主導権どころか国衙の支配そのものを嫌っていたのが阿賀野川以北の諸豪族、いわゆる揚北衆である。彼らは半独立の状態を保っており、時に隣国の大名と結んで府内を牽制《けんせい》した。身

内同士の主導権争いに加え、諸豪族による牽制が足元を揺るがす。長尾景虎（後の上杉謙信）が国主の座に就いた時、越後という国は、一つと呼ぶには程遠い状況にあった。謙信はその人生のほとんどを戦に明け暮れることになるが、その幾つかは国内の武者たちが起こした反乱の鎮圧であった。そういった反乱を一つ一つ治めてゆくことで府内の機能は徐々に力を集中させてゆく。

国の形が整ってゆく一方で、そのために踏み潰されていった武者たちのさまざまな人間模様が浮かび上がる。ある者は死を覚悟し、またある者は野心を糧にし、そしてまたある者はやむにやまれぬ思いを胸に、時の国主に対して反旗を翻した。国の統一という正義を前に、あえてそれに抗《あらが》い敗れていった者たちの奥歯の軋《きし》みに心が動く。勝者が叫ぶ正義の雄たけびよりも、両の拳をぎゅっと握り、震える背中から洩《も》れるその歯軋《はぎし》りにこそ越後という国の呻《うめ》きが聞けそうな気がする。小さいが搾り出すような敗者の慟哭《どうこく》に耳を澄ます、そんな旅の始まりである。

高城攻防戦

■高城攻防戦（序）

新潟日報　２００８・７・21

旧下田村《しただ》（現三条市）の名所の一つ八木鼻《やぎはな》。越後のローレライとも謳《うた》われる絶壁のすぐ隣にその昔大きな山城があった。城の名は高城《たかじょう》。下田を本拠とした下田長尾氏の居城であった。今はむしろ「ひめさゆりの小径《こみち》」の方が通りがいいかもしれない。休日ともなれば大勢のハイカーを集めるこの山もやはり観光の名所である。今は何事もなく見える穏やかな山の稜線だが、およそ四百五十年前、大きな悲劇がこの城を襲った。

ようやく桜の花もほころびかけた春の初めごろ、所用で出掛けた長岡からの帰り道に、車の助手席でふと目にした史跡の案内板を思わず目で追った。そこは旧下田村曲谷《まがりたに》地区。国道二九〇号を鹿熊《かくま》川に沿ってゆくと曲がりくねった道がしばらくの間続く。緩やかなカーブをスピードを落とし気味にゆったりと進んでゆくと、突然その案内板が目に飛び込んできた。

その向こうには木碑らしいものも見える。生い茂った木々に隠れて、斜めに切られた竪《たて》堀《ぼり》らしい溝も目に入った。

曲谷城跡（旧下田村曲谷）　この城が高城攻防の中で最も激戦になったと伝えられる

中世遺跡に対しあまり目の肥えていない私にも、どうやらそこが城跡らしいと見当が付く。（私は史学科の出だが、専攻は古代である）

少年のころ信長や秀吉の伝記を読み、その活躍に心躍らせたものである。好奇心は現実の知識を上回る。あの案内板のことがどうにも気になり、車を返してもらった。

下田村文化財調査研究会の名で書かれたその案内は、どうやらここで戦があったことを記しているようだった。「永禄十二年」「下田長尾氏」「高城」――なじみのない言葉が並ぶ。

だが後半の内容に思わず眉をひそめた。「急な斜面を生かして良く防戦」「全兵が討ち死にして果てる」「灰塚」――この場所で？　書かれている内容と景色がまるで合わない。

灰塚というからには遺体を焼いたのだろう。土葬が当たり前の時代、火葬にするにはそれなりの理由が付く。この場合、謀反者ゆえ墓は許さぬということか、いつの時代も謀反者に容赦はない。後日、図書館で「下田村史」を見るとこの出来事は、府内（上越市）に出府した高城城主・長尾藤景《ふじかげ》が上杉輝虎《てるとら》（後の謙信）の命によって謀殺されたことが発端と知った。その後この下田長尾氏は滅んでいる。

「酷《むご》いことをする」。正直そう感じた。輝虎はなぜ同じ一族の者を謀殺したのだろう。家臣たちはなぜ反乱という道を選んだのだろう。一つの疑問がまた新たな疑問を生む。書物を探るうち久しぶりに時を忘れた。ふと顔を上げると窓外の景色に息をのんだ。今まさに満開の桜が花を散らしている。風に舞う花びらに我を忘れ、散り際の美しさとその淡さに心惹《ひ》かれた。高城の悲劇を追ってみよう、思いは四百五十年前の下田へとはせてゆく。

高城攻防戦（一）

新潟日報　2008・7・28

旧栃尾市（現長岡市）から人面峠《ひとづら》を越え、国道二九〇号を三条（旧下田村）方面に下ってゆくとやがて荻堀の丁字路に出る。左に行けば二九〇号が続くが、そこを右に折れて五分ほど走ると、正面左側に峰の稜線《りょうせん》が見えてくる。その先は八木鼻の絶壁である。かつて下田長尾氏の居城だった高城はこの峰の上にあった。山すそを五十嵐川が白波を立てながら流れている。中流域らしい大きな石が見る者に荒々しさを感じさせる。実際に城郭があったころは峰を這《は》うように高い板壁が続き、各所で物見の城とつながっていたに違いない。牛窪の城や蛇尾の城などの名が今も残っている。その眺めは下田長尾氏の本拠と呼ぶにふさわしい美しく勇壮なものであったろう。

城下元町には川から陸揚げされた物資を集積する駅場があり、その昔は市が立って随分賑《にぎ》わったと伝えられる。かつて、この地で繰り広げられた血みどろの玉砕戦のことなど、その断片すら今の景色からは想像もつかない。それほどにこの眺めは美しい。

下田長尾氏の三つの城、高城、原の城、曲谷城、いずれも山城である。上杉謙信が生き

高城跡　旧下田村庭月の五十嵐川の岸から高城跡（平坦な稜線部）を望む。大小さまざまな旗が風にはためくさまが目に浮かぶ

た戦国末期、越後の城はまだ大半が山の上にあった。実はこの長尾藤景とその遺臣たちによる反乱の悲話は、幾つかの史料の断片から垣間見えるいわば伝承のようなもので、確かな記録はほとんど残っていない。高城の登り口にある案内板には簡単な城の遺構が描かれているが、あくまで遺構であって建物の姿までは分からない。

だが五十嵐川の対岸から、晴れた空に浮き上がる山の稜線を眺めていると、山城の持つ強烈な威圧感だけは不思議と伝わってくる。見慣れた城郭が音を立てて焼け、崩れ落ちる。それを遠くから見上げる領民たちの衝撃はいったいどれほどのものだっただろう。風に乗って漏れ聞こえる兵たちの雄たけびや悲鳴、鼻をつく焦げのにおい。山から立ち上る幾つもの黒煙を見上げながら、震えおののく領民たちの顔が目に浮かぶ。

事の起こり

高城の城主は長尾新四郎藤景といった。長尾景虎（後の謙信）の二度目の上洛《じょうらく》を祝って緒将が贈呈した太刀の目録「侍衆御太刀之次第」に被露太刀之衆として名が残っている。その記載順序から春日山城における席次は第十位と推測される。初期の七手組の一人で奉行職も兼任していた。永禄四（一五六一）年の第四回川中島合戦の折、評定の席で藤景は上杉輝虎（同、当時）の軍略を批判したと言われる。その後主従の間に感情のもつれが生じたことは容易に想像できる。あるいはほかに何事か起きたのかもしれない。ともかくも輝虎は永禄十一年の春、府内に出府した藤景を弟の右衛門尉景治《うえもんのじょうかげはる》ともども本庄繁長《しげなが》に命じて斬殺《ざんさつ》させた。この知らせはすぐに早馬で高城にもたらされた。主だった家臣たちは家老長尾外記《げき》入道興里《にゅうどうおきさと》を中心に随分と協議を重ねたに違いない。やがて遺臣たちは城の堀を深くし逆茂木《さかもぎ》を植え始めた。輝虎はこれを「反乱」と解釈し栃尾城主本庄実乃《さねより》に討伐を命ずる。一族郎党皆殺しの悲劇はこのときに始まった。

■長尾藤景謀殺

平成二十（二〇〇八）年、NHK大河ドラマ「天地人」の放送を翌年に控えた五月の連休。取材のため初めて春日山城（上越市中屋敷）を訪れた。特に綿密な計画を立てていたわけでもなく、ただただ軽い気持ちで新潟を出たのだが、実際に来てみると驚くことばかりであった。まず城の登り口、特に春日山旅館から謙信公銅像前に至る坂道の歩道部分がほとんど駐車車両で埋まってしまっていたこと。縦列に並ぶナンバープレートの数々を眺めて二度びっくり。長野、富山、群馬、ほかに練馬、千葉、横浜、中には大阪、なにわ、和泉まである。前年が「風林火山」、来年が「天地人」とくれば、それも無理からぬことと合点もいったが、それにしてもすごい賑わいようで、まさに行楽地と呼ぶにふさわしい人出であった。春日山神社脇の土産物売り場は観光客で文字通り溢《あふ》れかえっており、けっこうきついはずの登山道もひっきりなしに老若男女が往来していた。それにしても、貴重な休日をこの地の探索に充ててくれた来客に、同じ新潟県人としてありがたく思ったのを今も覚えている。

長尾藤景が出仕していたころの春日山城は、まさに越後府内全盛期であったと思われる。古代から続く府内（戦国期以前は主に府中）の賑わいに加え、父、為景《ためかげ》の時代に整備し直された城下の町並み。新旧入り交じった街のさまざまな表情が実城《みじょう》（本丸）から見渡せたに違いない。そこには侍や足軽はもちろん近郷の農民、町人、湊の人足、行商など大勢の人々が集い、街も街道も湊も、越後随一の賑わいを見せていたことだろう。

長尾藤景暗殺について記した史書は「北越太平記」「北越軍談」「管窺武鑑《かんきぶかん》」の三つがある。いずれも成立は後世で、記述内容も誤りが多く、そのまま鵜《う》呑《の》みにするわけにはいかない。そこで「高城」研究の第一人者である丸山数政先生の著書『高城の流れ』を参考にしながら藤景暗殺の様子を再考してみたいと思う。

輝虎が揚北衆《あがきたしゅう》きっての実力者でしかも武闘派の本庄繁長に藤景暗殺を命じた理由についてはまったくの謎である。当時、繁長には謀反の噂が流れていた。一方、藤景も評定などの公の場で君主たる輝虎を公然と非難するようなところがあった。輝虎は身内に近い藤景を成敗することで、繁長に対し一罰百戒を諭そうとしたのかもしれないし、あるいは逆に捨て駒にしようとしたのかもしれない。繁長がこの事件の直後に府内を去り、本庄城（後の村上城―村上市）に籠《こ》もって輝虎に反旗を翻したことを考えると、案外後者の方だったかもしれない。

繁長は藤景を酒宴に誘い自宅へ招いた。藤景は弟の右衛門尉景治と家来の渋谷某を伴って本庄邸を訪れた。繁長は兄弟を歓待し大いにもてなしたわけだが、宴半ばで文字通り豹変《ひょうへん》する。斬殺の描写は『高城の流れ』が詳述しているのでそのままを掲載させていただくことにする。

頃やよしと宴半ばで「上意」といって藤景を抜打に切り倒した。そばに居た弟の右ェ門尉景治はとっさに二尺七寸の青江《あおえ》刑部《ぎょうぶ》三郎為則《さぶろうためのり》の刀を抜いて繁長に切ってかかった。繁長は藤景を打った二の太刀で景治の刀を払おうとして藤景の流した血糊に滑り、足元をとられてどっと倒れてしまった。景治は得たりとばかりに拝み打ちに振りおろす所へ、繁長の家臣の矢作《やはぎ》新助なるものが、自分の脇差を抜いて景治の刀を受け流して、やにわに景治に組みついた。倒れていた繁長は素早く起き上がると同時に景治のもとどりを捕まえ咽元を刺しとおして首を掻いた。騒ぎを聞きつけてかけ込んできた藤景の家臣渋谷もその場に打果たされた。本庄繁長も二ヶ所傷ついた。三人の首を早速謙信に見せたけれども「よくやった」といったのみで褒美も呉れなかった。(丸山数政著『高城の流れ』一五七〜一五八ページより)

なんとも凄惨《せいさん》な描写だが、ここで幾つかの疑問が生じてくる。

まずは何といっても、弟を伴っての訪問と従者が一人という藤景の無防備さである。『上杉年譜』は本庄繁長の方が藤景の屋敷に押し入って討ち取ったと記すが、先に挙げた三書は繁長が酒宴を催し二人を自邸に招きだまし討ちにしたという記述になっている。たとえ相手が日ごろ親しくしている友人であってもあまりに無警戒過ぎないか？　自分に万一の事があったとき、下田長尾家の指揮を執るべき立場の弟景治を伴い、あまつさえ身辺警護の従者を一人しか連れてゆかぬという警戒心のなさはいったいどこからきているのだろう。酒宴に誘われ、またその誘いに応じる以上、藤景と繁長はそれ相応の間柄だったのだろうが、城中で噂の一つも耳にしなかったのだろうか。

いま一つは、逆に繁長の準備の悪さである。記述通りだとすれば、繁長は危うく返り討ちに遭うところだったことになる。陰襖《かげぶすま》とまでいかなくても、別棟に伏兵を忍ばせておくくらいのことはできたはずである。だが実際に主の危急を救ったのは矢作新助ただ一人。自ら剛の者二人を斬殺しようとしているのに、伏兵の準備もしていないという、この手回しの悪さはいったいどういうことなのだろうか。

そもそも史料の記述自体が曖昧《あいまい》で、この密室劇が事実だったかどうかも怪しいものだが、さりとて、酒宴の席に招き招かれる間柄で大勢が斬《き》り合うというのも、何かおかしい。

これは一つの思いつきにすぎないが、実は斬りに行ったのは藤景の方だったというのはどうだろう？

　このころ、揚北衆で繁長の同族でもある鮎川盛長《もりなが》から、しきりに「本庄繁長に叛《はん》意あり」の讒言が出ていた。輝虎がそれを知らぬはずはなく、当然藤景も知っていたはずである。輝虎の命令が下れば自ら斬りに行くことも辞さなかったろう。酒宴の際、部屋にはいつも繁長一人と知っていたから弟を連れてゆけばそれで十分だったのだろう。だとすれば「上意」と言って先に斬りつけたのは藤景の方だったということになる。だが、暗殺は失敗した。藤景兄弟は返り討ちに遭い、殺されかけた繁長は地元に戻って謀反を起こすことになる。一方、亡き藤景はその功績を讃えられるどころか、むしろ逆臣のような扱いを受け、ついには城開け渡しを迫られて御家は取り潰しの危機にさらされる。追い詰められた家臣が一連の仕打ちに怒りを爆発させ城を枕に討死しようと戦を起こしても何の不思議もない。藤景が斬殺された場合を想定するより、返り討ちに遭ったと推察する方が後の展開をむしろ説明しやすいのが不思議である。

　高城落城の後、この城には長尾市右衛門なる人物が城主ではなく輝虎の城代として入っている。長尾市右衛門の名は軍役帳にも将士八十余名の中にもない。ちなみに二代目は御《お》館《たて》の乱に際してこの辺り（中越地方）としては珍しく景勝《かげかつ》方に付いて手柄をたてている（『越佐史料』より）。藤景亡き後、下田長尾氏は滅亡し、代わって府内から代官が赴任した。いわば輝虎の直轄地になったわけで、その結果、五十嵐川の水運権は府内に糾合されたものと推察される。想像をたくましくするならば長尾市右衛門なる人物はもともと地縁を持たない府内付《づき》の官僚ではなかったのか。

藤景が斬殺されたという惨事は事実である。繁長、藤景のどちらが先に企み、斬りつけたのかは、今となっては知る由もない。その後、当事者の片方は府内を去って謀反を起こし、もう片方は家そのものが滅亡している。そういう両者の暗転をよそに、次に高城の主におさまったのは、輝虎から派遣された無名の代官であった。

■高城攻防戦（二）

新潟日報　2008・8・4

栃尾城を発進した本庄実乃の軍が、どの峠を越えて旧下田村に侵入したかは定かでない。だがどこを通ったにせよ戦端を開いたのは原の城だったと考えられる。

原の城は荻堀の丁字路の手前、原にあった。かつての城山は曹洞宗の寺、栄雲寺の裏手にあり空堀の跡が今も残っている。ここのご住職が気さくな方でいろいろとお話を伺うことができた。

原の城跡（旧下田村原）　ひっそりと立つ空堀の木碑。頂上はすぐこの上。砦の攻防戦は、恐らくこの辺りだったのだろう

「この寺は御館の乱で死んだ者を弔うためにここに建てられた。だから原の城のことはよく知らない」。そう言ってたばこをゆったりとくゆらせた。もの静かで、それでいて禅僧独特の奥の深さがある。この辺りの集落について尋ねると笑いながら答えてくれた。

「古い家が多い。中には地侍の末裔《まつえい》もいる。この寺はせいぜい五百年だが、彼らの家はみな千年から経ている」。五百年という時をせいぜいと言い切るあたりさすがに禅僧だが、それだけ集落の歴史が長いということだろう。五百年前の長尾氏もまた地侍たちにとっては一時の御《み》輿《こし》だったのかもしれない。

「城といっても狼煙《のろし》を上げるだけの、

まあ物見といったところか、そんな強固なものではなかったらしいよ」。またお会いする約束をして辞しかけたとき、そう語ってくれた。

　少し離れた橋の上からあらためて砦《とりで》のあった山を眺めた。こぢんまりとした小山は午後の日を斜めから受け木々の緑を浮き立たせている。峠を下ってきた本庄軍はまずこの出城に殺到し激しく攻め立てたに違いない。もともと備えの薄い物見のこと、恐らくひとたまりもなかったろう。砦に籠《こ》もった兵は全員討ち死にし、周辺の集落も蹂躙《じゅうりん》されたに違いない。だが今その同じ場所に寺が建っている。それがせめてもの救いになればと、手を合わせずにはいられなかった。

　本庄軍はここで部隊を二つに分け別動隊を曲谷城に向かわせた。だが予想に反して戦は激戦になる。山の傾斜が急なため守り手に有利だったのだろう、思うさま時を稼がれた末にようやく城は落ちる。城跡から一里ほど離れた中浦という集落のある老人が「この辺りも焼かれたそうだよ」と教えてくれた。少しでも籠城を助けた集落は容赦なく報復を受けたことがうかがえる。思わぬ苦戦を制した別動隊は本隊が攻める高城を背後から突くべく中浦より進撃を始める。

輝虎と藤景の確執について

輝虎と藤景の確執の原因はいったい何だったのか。今それを示す証拠は何もない。まったくの想像だが私なりの思いを書いてみたい。長尾家の家老、外記入道には蝶名林《ちょうなばやし》に墓が伝わっている。ひとかどの武将だったのだろう。それが滅ぶと分かっている道を、あえて選んだ。何がそうさせたのか。輝虎は還俗《げんぞく》してすぐ栃尾城に入っている。北の峠の向こうは藤景の住む高城だ。栃尾城の本庄実乃と藤景の確執はそのころからあったとにらんでいる。輝虎はそれを間近に見た。彼の思いは越後を一つにすること。領地争いや恩賞への不満などは統一を阻害する愚行にしか映らない。藤景にはそれが理解できなかった。府内で藤景を斬《き》ったのは同じく恩賞に不満を持つ本庄繁長である。輝虎は、あえて繁長を使うことで一罰百戒を狙ったのかもしれない。当然外記入道にも積年の思いがある。主君斬殺《ざんさつ》の報に接し、ついに「忍」の「心」が剥《は》げ落ちたのであろう。すべて白昼の夢想ではあるが。

■高城攻防戦（三）

新潟日報　2008・8・11

五十嵐川の清流は小さな白波を立てながら足早に流れてゆく。旧下田村荒沢と森町をつなぐ鶴亀橋の上から川を見下ろし山を見上げた。四百五十年前ここには城があり、ふもとには長尾氏の居館と町があった。川は荷舟や小舟が多く行き交い、町には市が立っていて随分賑《にぎ》わったことだろう。この地は栃尾へ抜ける陸路と三条方面への水路が交わる交通の要衝であった。戦がその賑わいを奪ってしまったということか。

欄干を背にして下流を向くと、初夏の日を返して水面《みなも》がキラキラと輝いていた。水際で遊ぶ子供たちが時折歓声

下田富士を背にした高城合戦想像図
（伊藤正一氏画）

外道入道の墓　旧下田村中浦に残る長尾外記入道の墓。ご子孫が今も健在で、いつ訪ねても花が供えられている

をあげている。思わず笑みがこぼれた。もう一度振り返り、欄干にひじを置いて左岸に目をやった。途端に唇はしまり頬《ほお》に力が入る。荒沢京の原、ここが高城攻防戦最後の激戦地となった。

　高城軍は城に籠《こ》もらず京の原で本庄軍本隊と激突した。高城軍もよく戦ったのだろうが、しょせんは多勢に無勢、勝敗は間もなく決し生き残った兵は城に退いた。籠城《ろうじょう》戦の具体的な経緯は分からないが、残兵はさほど多くなく、守りの手薄な城がそれほど長くもったとも思えない。ふもとにあった町は戦火に包まれ、やがて城と共に灰塵《かいじん》に帰してゆく。だが戦はそれで終わらなかった。高城軍の将、長尾外記入道が生き残った兵を連れて城を脱出、落ち延びたのだ。むざむざ首をくれてやる気にはなれなかったのだろう。荒沢の鶴亀橋と中浦とをつなぐ山あいの道がある。中浦に近づくにつれ次第に道幅が狭くなり藪《やぶ》から出る手前では車一台分程になる。坂の上り下りも急で沿道にはクマザサが生い茂る。落人の道といってもおかしくない寂しさだ。外記入道らは、ここ中浦まで落ちたところで曲谷城を落とした別動隊の兵に囲まれた。最後は全員が切腹して果てたという。中浦には「ふた塚」と呼ばれる大小二つの盛り土が今も残っている。大きい方は二百人塚、小さい方は百人塚だと地元の方が教えてくれた。さらにそこから二百メートルほど東には外記入道のものと伝えられる墓が杉木立に囲まれている。

戦は下田長尾氏とその家臣たちを滅亡させ、勇壮な山城と市で賑わう豊かな城下町を消し去って終わった。

下田長尾氏が背負うしがらみと苦悩

「下田村史」によれば、この戦の五十年ほど前、古志（長岡市蔵王堂《ざおうどう》）長尾氏と在地豪族五十嵐氏との間に土地争いが起きている。その紛争を最初に仲介したのが長尾景行《かげゆき》という人物で、村史は景行を「高城に拠《よ》った長尾氏」の流れと推測している。結局景行の仲介は実らず「紛争は府内の守護代長尾為景の手に委ねられることになった」が、その結果は定かでない。在地豪族を押さえきれず紛争を府内にまで持ち込まざるを得なかった景行の無念はいかばかりのものだったろう。

五十嵐保と呼ばれる守護領の一部が「栃尾と結合した形で古志長尾氏」に領有されていた。このころ、五十嵐氏は下田の諸士（在地の小領主）として輝虎直臣団の一角を担っており、五十嵐保から給与を得ている。五十年の時を経てかつて土地争いをした五十嵐氏と古志長尾氏は栃尾を介してつながっていた。双方に挟まれた高城は五十嵐保でも小競り合いを起こしていた可能性がある。過去のしがらみから逃れられぬ小領主たちの苦悩が伝わってくるようだ。

■再び戦の跡を追って

十一月、冷たい雨の降るなか車で人面峠を越えた。しばらく走ると左手に原の城跡が見えてくる。曹洞宗の寺、栄雲寺脇にある城山の頂に立つと峠からの様子が一望できる。行き交う車の動きが手に取るように見える。この出城が高城にとって重要な物見であったということにあらためて得心がいく。

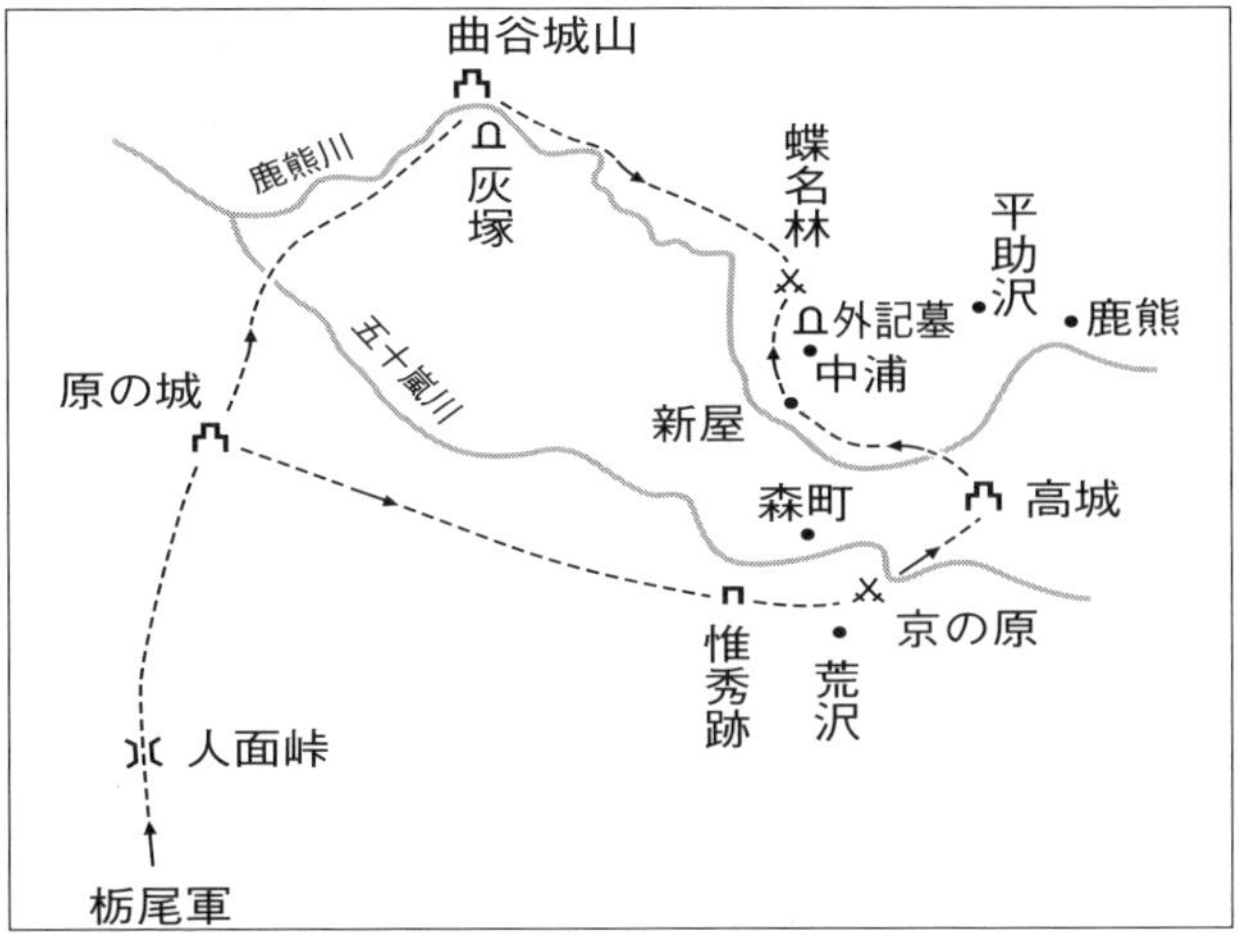

栃尾軍進攻図　丸山数政『高城の流れ』（1987年）から作成

「ここは物見の砦だった」と栄雲寺の住職、和久井典由《てんゆう》氏は言われたが恐らくその通りであろう。隊列を組んで坂道を下ってくる栃尾軍団を、この城の守備兵たちはどんな思いで眺めていたのだろうか。敵軍の来襲を本城である高城に一刻も早く知らせるため、何はともあれ大急ぎで狼煙を焚《た》いたことだろう。丸山数政氏は著書『高城の流れ』の中で押し寄せた栃尾軍団の兵力を「高城が持っていた平常兵力の二、三倍」と推測されている。まして物見の出城にすぎない原の城との兵力差はその比ではなかったろう。守備兵たちは敵軍が放つ火矢と鉄砲とで散々に炙《あぶ》り出され、砦から出てきたところを槍隊に狩られたものと思われる。彼らの役目はあくまで高城と、もう一つの出城である曲谷城に敵の来襲を伝えることだった。与えられた役目をひとまず終えた彼らはそれで逃げだしてよかったはずだが、少しでも敵兵を減らそうと奮闘したのだろう。だがその奮闘もむなしく、圧倒的な兵力の前に壊滅させられたものと思われる。しかし、ここでの圧勝は栃尾軍団のこの後の作戦に重大な影響を及ぼした可能性が高い。高城を表と裏から挟み撃ちにしようと部隊をふた手に分けたのだ。恐らくは先の勝利体験から、同じ出城の曲谷城を過小評価した結果だと思われる。だが、事は思惑通りには運ばなかった。別動隊が曲谷城で大苦戦をし、結果として高城を攻めた本隊も苦戦を強いられる羽目になったのである。

　蛇行する五十嵐川は、場所によっては川と自然堤防の間に広い原野をつくった。その一つが荒沢京の原である。高城軍の城将長尾外記入道興里は籠城戦を棄《す》て、城の対岸、京の原に陣を張り野戦に打って出る覚悟を固めた。自軍に倍する敵に対し野戦を戦うなど本来、戦のセオリーにはない。栃尾軍団は幾重にも重なり立ち上る敵旗が京の原を渡る風にはためくさまを眺め、鼻先で笑いながらも、腹の底ではどこか薄気味悪いものを感じていたことだろう。

　一方、曲谷では別動隊が思わぬ苦戦を強いられていた。原の城での楽勝が攻め方を甘くしたのかもしれない。同じ出城でもこちらは要塞で、標高も高く急峻で攻め難かったこと

中浦のふた塚　案内板もなく、畑の瘤のように今に残る。
手前が二百人塚、電柱の向こうが百人塚

もあろう。本来は一気呵成《かせい》に出城を落とし中浦から回りこんで高城の背後を突くつもりがとんだ誤算になった。京の原での野戦にしても曲谷城での攻城戦にしても恐らくは血みどろの殲滅《せんめつ》戦に発展したと思われる。包囲陣が徐々に狭められ次第に追い詰められてゆく高城軍。登ってくる敵兵に降らす岩も油もなくなり、やがて矢も底を尽いて、もはや襲いかかる以外戦いようのない要塞守備兵たちは刀を振りかざしながら敵兵ひしめく中へ飛び込んでいったことだろう。とうてい納得のゆかぬ主君の死。残された家臣たちは抑えようのない怒りを切っ先に込めながら次々と血の海の中に沈んでいったに違いない。

京の原、中浦いずれの古戦場にも古塚が今に伝わっている。原野や畑に残るほとんど無造作に近い盛り土を目にするたび、意図的に放置された累々《るいるい》たる死屍《しし》を思い浮かべずにはいられない。恐らくこの地区に暮らす方々の遠いご先祖たちが、そういった屍を拾い集め、占領軍の目を気にしながら弔ったのであろう。

この日も中浦のふた塚を訪ね、手を合わせてきた。何も飾られていない史跡というのは、時として強烈な説得力を持つ。塚は時の流れのなかで畑の一部と化し、史跡というより景色になった。景色になっているが故に敗れた者の呻《うめ》きを今に伝えているように思えてならない。放置された史跡、それこそが下田長尾氏のたどった命運と見事重なるのである。

■高城攻防戦（四）

新潟日報　2008・8・18

長尾藤景の謀殺に憤った遺臣たちの反乱は原の城、曲谷城、高城の落城を以て終わった。しかしもうひとつ、悲運を負った城があったと私は思っている。栃尾の北の国境、いわば峠の砦《とりで》ともいえる人面城がそれである。

現在の道閑淵（旧栃尾市人面）　かつてはごうごうと逆巻く激流で、古老によれば昭和39（1964）年ごろまでその面影を残していたという

長岡市栃尾地区は山々に囲まれた美しい山あいの地である。この地に残る城跡の数は実に二十を超える。その大半が栃尾城の支城と考えられているが、そのうち落城にまつわる伝説を持つのは人面城だけである。

この面妖な名の由来は諸説あるが、上に土田、下に片山、神保、小林の各家があって、四家が共同で村政にあたったということから「四人面―しとつら」それが「ひとつら―人面」になったとする説が有力なようだ。村の鎮守若宮神社の東には「元屋敷」「館ヶ沢」「城の腰」などの名が今も残る。発掘調査で空堀や建物跡が確認されており、ここに城があったことは間違いなさそうだ。

また村内を流れる塩谷川《しおたに》は城跡の手前で深い淵《ふち》をつくった。氾濫《はんらん》や河川改修で淵は大きくその姿を変えたが、村ではまだそこを「道閑淵《どうかんぶち》」と呼んでいる。道閑とは人面城の主、土田道閑のことで、いずれかの戦に敗れ、この淵に身を投げたのだという。

村の古老に案内されその道閑淵を訪れたのは四月の終わりごろであった。草の生い茂る塩谷川の土手沿いを、わだちに沿って進んでゆく。土手が大きく曲がった場所で車を止め、傾斜の急な土手を一気に駆け上がった。開けた視界の先に淵らしきものが見える。古老はすっかり小さくなった淵を指さし「昔はこんなもんじゃなかった。あの辺りが一番深くて、魚がいるのが分かっていても近寄れなかった」と懐かしそうに目を細めた。少し間を置いた後「淵の底には大きな横穴があって院内の淵とつながっていたらしい」と村に伝わる伝説を語ってくれた。

院内は八木鼻の手前、高城のふもとにある。それを聞いたときこの城を蹂躙《じゅうりん》する栃尾軍団の足音が聞こえたような気がした。人面城は高城攻め初戦の血祭りにあげられたのだと。土田道閑は死を覚悟で高城側に付いた。峠を越えようとやって来た栃尾軍は行きがけの駄賃とばかり一気に城を落としたことだろう。轟々《ごうごう》と焼け落ちる城を背に、淵にたたずむ道閑の悲しげな顔が目に浮かぶ。

高城攻防戦から思うこと

人面峠から五十嵐川に出る道は、栃尾城にとって刈谷田川で見附へ下る道と並ぶ、物資運搬の重要なルートだったに違いない。栃尾軍団がこの二つのルートを確保し、信濃川交通の要衝を押さえようと願うのは当然のことだろう。五十嵐川は三条で信濃川と合流するがその少し先には三条城がある。この城の主で蒲原郡代でもある山吉氏は三条長尾氏の被官（直系の家臣）である。栃尾軍団は蔵王堂（長岡市）の古志長尾氏と関係が深い。古志も三条も共に輝虎の直参である。彼らに富と権限を集中させることは、すなわち府内を富ませることにつながる。古志長尾氏との紛争が絶えなかった下田長尾氏はその構想からはずされた、と私は思っている。長年高城と深い関係を保ってきた峠の守人《まもりびと》・土田道閑は恐らく迷いに迷った末に、高城に味方したのだろう、私はこの人物にこそ歯軋《はぎし》りの音を感じる。「道閑淵は高城につながっている」。古老の言葉が強く胸に残る。

■人面村と土田道閑

人面村（長岡市栃尾人面）の菅田外交官《とこのり》氏に案内され道閑淵を訪ねてから早いもので半年が経った。雪が降るとまったく行けなくなる場所なので、その前にもう一度と思い立ち、十一月の半ば過ぎに訪ねた。

後戻り不可能なあぜ道を車でゆるゆると進んでゆく。堤防の曲がり角まで来たら車を停め、目の前の高く急な土手を一気に駆け上がる。すると道閑淵と城山がまるで開けるように目に飛び込んでくる。城山には杉木立に交じって広葉樹が混然と生い茂り、今年の紅葉の名残を辛うじて伝えていた。

道閑淵とは、塩谷川がほぼ直角に曲がる箇所にできたいわば水の滞留場所で、話によれば曲がるというより逆流に近い形で白波が逆巻いていたという。しかも角の岩板は長い時をかけて急流にえぐり取られ深い淵をつくっていた。そこへ戦に敗れた一人の武将が失意の果てに身を投げた。その武将の名を土田道閑といい、以来この場所は道閑淵と呼ばれてきた。昭和三十九（一九六四）年に大水害があり大量の土砂が流れ込んで淵は埋まってしまった。その後の河川改修工事でかつての逆巻くさまは完全に消えたわけだが、道閑淵の名前だけは今に残っている。

城はこの塩谷川に向かって突き出た格好の台地の上に建てられており、淵の要害があったればこそ造られた建物だったと思われる。恐らくは塩谷川の水運と人面峠の両方を管理する物流の拠点だったのだろう。建物も城というよりは関所と呼ぶ方がより近かったのではないか。静かだが絶えることのない水音を耳にしながら、在りし日の城の様子を思い浮かべていた。

人面城跡　若宮神社の裏手から人面城跡を望む。色づいた広葉樹が美しかった

私が高城攻防戦の最後に、一見蛇足とも思えるこの人面城のエピソードを入れたのは、峠や国境などの境界という特殊な立場に住む人々の心情を織り込みたかったからである。

人面城は栃尾城の支配下にありながら、その栃尾と利害が対立している高城とも関係を保っていた。一定の勢力圏を持つ者同士が激しく対立しあったとしても、すべてがどちらかに属するとは限らない。境界線に住む人々とはもともとそういう性質を有している。しかしそれさえも一つの色に染めようとする行為が統一であり、その典型例が後の徳川幕府であろう。

以下はあくまで推測である。土田道閑は栃尾の本庄実乃から中立を許されず、それどころか栃尾側に付くことを厳しく迫られた。では道閑が高城と殊更深い関係にあったかといえば、恐らくそうではあるまい。人面城はあくまで栃尾城の支配下にあり、栃尾城と土田氏は緩やかではあるが主従関係にあった。ではなぜ道閑は栃尾城との関係を断ち切り、しかも負けが見えている高城側についたのか？　それは高城が味方に付くことを強要しなかったからだろうと私は思っている。物流に携わる人間の性《さが》として、戦の後の生き方に思いが及んだとき、このまま栃尾城に従属して生き長らえたとしても、あとは生ける屍《しかばね》に等しいと絶望し、心から嘆いたのだろう。ひねり潰されるように滅んでいった一人の自由人は、いわば時代に潰されたといっても過言ではあるまい。謙信、景勝の時代とはつまりは、そういう時代なのである。

■下田の旅を終えて

今回の旅も、最後に行き着いたところは外記入道の墓であった。中浦の田んぼの中に杉の木に囲まれた小丘がぽつんとあって、そこにひっそりと墓がおかれている。前に訪ねた時はちょうどお盆のころで、線香や花がごく当たり前に供されていた。墓はご子孫の方々によって大切にされ、外記入道の霊は今も供養されている。考えてみれば実に幸せな武将といえよう。

荒沢京の原の野戦に敗れ、生き残った兵を引き連れて外記入道は中浦方面へ向けて落ちた。いったいどこへ行くつもりだったのか知る由もないが、ちょうどそこへ、遅ればせながら曲谷城を落とした別動隊が当初の予定通り高城の裏手に回りこもうと中浦に進出中であった。やがて落武者と別動隊は蝶名林で遭遇する。落武者の方はもはや死と直面しているから鬼人の如き戦いぶりだったろう。対する別動隊は楽勝のはずが思わぬ苦戦を強いられ、身も心も疲れ果てていたと思われる。戦の規模と経緯から察しても落武者がそれほど大勢いたとは思えず、その割に馬の塚まで残っているところをみると、別動隊の被害は案外大きかったのかもしれない。

外記入道の墓　外記入道の墓がある木立遠景。毅然としいて、しかも品格を感じる

外記入道の最期は切腹である。伝承では中浦の孫右衛門屋敷で腹を切って果てたという。

前出の『高城の流れ』によれば、外記入道は初め外鬼入道と称したらしい。「外鬼はあまりにたけだけしいので外記に改めた」のだそうだ。詳しい出自などは不明だが、もとは関東の管領派諸侯の一人で、天文二十一（一五五二）年、関東管領上杉憲政《のりまさ》が越後を頼って上野《こうずけ》から移ってきた際、供としてやって来たのだという。その後、藤景の家臣となり藤景の姉を妻にして下田長尾家の一族として家を支えた。

かつての主君、上杉憲政《のりまさ》を救ってくれたという恩義から外記入道は輝虎に対しても忠誠を誓っていた。藤景の訃報が入ると「堀を埋めて謹慎していたほどである」と丸山氏は書いている。「しかし、留守家老からやいのやいのと頼まれることによってやむなく立ち上がった。一度立ち上がれば武士の意地を見せなければならず」一転、大急ぎで戦の準備にとりかかったという。忠義と恩義の間に立たされ、忠義をとって負けると分かっている戦に立ち向かう。外記入道がいまだに供養される理由は、このあたりにあるのかもしれない。

ちなみに、この永禄十一（一五六八）年からわずか十二年後の天正八（一五八〇）年、御館の乱で景虎方に付いた栃尾城は上田衆によって攻めたてられ四月二十二日ついに落城する。下田長尾氏を滅ぼした本庄実乃はすでに亡く、息子の秀綱《ひでつな》は会津に落ち延びて後に佐々成政《さっさなりまさ》の家臣になった。また孫の景乃《かげより》は石峠（旧守門村）で敵の鉄砲にあたり戦死している。世の栄枯盛衰といってしまえばそれまでだが、わずか十二年の栄盛は、その後の枯衰を考えればあまりに短い。戦に勝って十二年の栄華を手にした栃尾軍団より、武士の一分を貫いて負け戦を戦い抜いた高城軍。私は後者の方により強く惹《ひ》かれる。

外記入道の墓はこの日、冷たい雨に白く煙りながらも、毅然《きぜん》として立っているように見えた。

本庄城包囲戦

■本庄城包囲戦（序）

新潟日報　2008・8・25

三面川《みおもて》に架かる橋の一つ下渡《げど》大橋。この橋を旧朝日村方向に渡った先にその城山はある。標高二三八メートル。村上城があった対岸の臥牛山《がぎゅうざん》より八十七メートル高いこの山の頂にはかつて城があった。城がいつ、誰の指示で建てられたのかは定かでないが、永禄十一（一五六八）年、本庄繁長《しげなが》が本庄城（村上城）に立て籠《こ》もって輝虎《てるとら》に反旗を翻した際、府内にあった輝虎が造らせたとする説がある。真偽のほどは分からないが、臥牛山の本丸跡から眺める下渡山は川を挟んだすぐ目の前にあり、本庄軍にとってこれほど嫌な敵城はあるまいと容易に想像できる。輝虎は乱のさなか、城を守る鮎川孫次郎らに書状を送り「下渡嶋打明候由不及是非候」（『上杉輝虎書状』）「（本庄方に）下渡嶋城を奪われたのは仕方がないことだ」と書いている。だとすれば本庄繁長の乱を機に造られた公算が大きい。ただ城山からは堀切《ほりきり》、土塁などの防御遺構が見つかっておらず、果たしてまともな構造物が建っていたのかさえ疑わしいほどだ。思うに、この城は対岸から敵城の動きを逐一監視するのが主な役目で、建物といえば山頂に物見が建っている程度だったのではないだろう

臥牛山頂（村上城本丸跡）から見た下渡山　頂上に物見、ふもとに館、兵の動きも手に取るように見えたことだろう

か。
下渡大橋の下では川中に出て糸を流す釣り人たちと水遊びに夢中の子供たちが互いに邪魔にならぬよう場所を違《たが》えて楽しんでいる。三面川の岸に立つとそんなる彼らがまるで下渡山の山懐に抱かれているようにさえ見える。山の緑は盛夏を迎えていっそう濃く深くなりつつあった。
今から四百五十年ほど前、一人の猛将がこの地で反乱を起こした。城のある臥牛山はおよそ十カ月ものあいだ越後連合軍によって包囲され、城下は籠城《ろうじょう》戦の業火にさらされた。いま目の前に広がる景色、流れる川の音、子供たちの歓声、そして山にかえってこだまするカモメの鳴き声、これらの光景からはとても想像がつかない。それほどに三面川は夏の輝きの中にあった。

■揚北衆

鎌倉幕府が御家人《ごけにん》を越後の地頭職に任命する際、なぜ阿賀野川北岸の地域に集中させたのか。私の疑問の一つである。

だがささやかな推測はできる。鎌倉から南北朝時代にかけてのおよそ百四十年余りの間、越後は新田《にった》王国であったといわれている。後世上杉家臣団に組み込まれることになる大井田氏や小森沢氏など、もとは新田氏の一族であった。延元三（暦応元）（一三三八）年七月に新田義貞《よしさだ》が越前燈明寺畷《とうみょうじなわて》で敗死すると越後の勢力図は次第に動き始める。新田氏の具体的な領地の詳細については不明だが、新田氏の没落と入れ替わるように上杉氏や長尾氏が入ってきており、領地はそっくり彼らに引き継がれたものと思われる。ちなみに前出の大井田氏、小森沢氏の領地はいずれも魚沼であった。

阿賀北の地は新田氏の根拠地である上野《こうずけ》からは遠く、また出自も家柄も異なる東北諸侯との軋轢《あつれき》もできれば避けたかったのだろう。南北朝以降も領地に変動がないところをみると、最初から新田氏はこの地域に影響力を持たなかったのではないかと推察する。鎌倉幕

臥牛山頂（村上城本丸跡）の桜

府はいわばその空白地帯をねらって御家人を派遣したのではないか、と想像している。

揚北衆《あがきたしゅう》は、府内や他の勢力からの外圧に対してはまとまって事にあたるが、こと内輪に関しては絶えず小競り合いを繰り返している。こういった彼らの性質を理解する上で重要な要素になっているのが出自である。大きく三つのグループに分けられるが、出自が同じだからといって必ずしもまとまっているわけではなく、中には同族でありながら絶えず牽制し合っている一族もある。以下、それらを簡単にではあるがまとめさせていただきたい。

三浦党

三浦義明《よしあき》、和田義盛《よしもり》、二人とも三浦一族で、しかも鎌倉幕府成立に尽くした功臣である。しかしながら和田氏は建暦三（一二一三）年の和田合戦で、三浦氏はそれから三十四年後の宝治合戦で、いずれも北条《ほうじょう》氏に滅ぼされている。三浦氏の宗家は滅亡の運命をたどったが、初代から数えて六代を経る間、それぞれの世代で枝分かれし、住み着いた土地で根を張った。これら三浦氏の流れをくむ一党が三浦党である。

越後の三浦党は、和田義盛の甥で和田合戦の際、一族で唯一人北条方に味方した重茂《しげもち》の末裔である。重茂の領地が越後奥山荘（現新潟県胎内市）にあったため、越後三浦党の基盤も概ねこの辺りが中心になっている。代表格は中条氏であろう。長尾景虎《かげとら》（後の謙信）の家督相続に大きな役割を果たした中条藤資《ふじすけ》は春日山城での席次第一位の重臣である。他に黒川氏、羽黒氏などがいる。

佐々木党

源氏の名門の一つである宇多源氏の中にあって、特に近江に基盤を持ったのが佐々木氏である。鎌倉幕府成立のころに活躍した佐々木盛綱《もりつな》という武将が平家追討の功で幕府から越後加地荘《かじしょう》（新潟県新発田市）を賜った。盛綱はそこに城（加地城）を築き子孫を地頭職にして土着させた。加地氏の始まりである。庶流に新発田《しばた》氏、竹俣《たけまた》氏などがいるが、宗家である加地氏は次第に力を失い、それに取って代わるように庶流が力を持つようになる。竹俣慶綱《よしつな》はやがて謙信七手組（後期）の一人となり、新発田氏は新潟津、三条島に至る広大な水郷地帯を支配下に置く強大な一族へと成長する。

秩父《ちちぶ》党

平安時代中期、武蔵国秩父で平将常《たいらのまさつね》という武将が初めて秩父氏を名乗った。その子孫は前九年の役（一〇五一～六二）や後三年の役（一〇八三～八七）で活躍し、武蔵国の国守代理の地位にまで上り詰める。秩父党とはこの秩父氏の子孫である。越後秩父党は傍流で、嫡流である河越氏の一派とは系統が異なる。だが傍流とはいえ、この越後秩父党には大きな一族が多い。まずは揚北衆最大の勢力本庄氏（村上市）。本庄氏と揚北衆の中心を形成する色部《いろべ》氏（村上市神林）。他に小川氏、鮎川氏などいずれ劣らぬ力を持った一族ばかりである。

本庄繁長の乱とは、振り返ってみれば、本来起きなくて済んだ乱だったかもしれない。同じ秩父党の鮎川氏が輝虎につまらぬ讒言を吹き込まなければ、あるいは武田信玄が繁長をそそのかさなければ、事態はもっと穏やかに推移していたはずである。だが現実に乱は起こり、本庄城（現・村上城）は一年近くも越後連合軍の包囲を受けることになった。そもそも繁長はなぜ謀反を起こし、どこで誤算に気付き、どうやって修正したのだろう。本庄（現・村上市）という北の地に越後全域から主だった武士団が集結し、一つの山城を囲んだ。そこに信玄、輝虎双方の思惑が交錯する。結局誰も腹を切らぬまま終結を迎えるこの戦が越後にもたらしたものとはいったい何だったのか。臥牛山の頂に立ち、村上の美しい町並みを眺めながら、幾度も自問自答してきたはずの不思議を、あらためてまた問い直している。

■本庄城包囲戦（一）

新潟日報　２００８・９・１

昔の風情を今に残す県北の町、村上。落ち着いた雰囲気が誘うのだろう土日曜などはけっこうな人出になる。私もこの町の家並みが好きでよく歩きに訪れる。いつものように市役所に車を止め眼前にたたずむ臥牛山を眺めると今が盛夏とばかり濃い緑がまぶしく映る。それにしてもいつ、何度見てもこの山は美しい。ひとつ山が持つ気品のようなものをさりげなく漂わせている。

だが戦国時代、山腹には幾つもの竪堀《たてぼり》が走り、二つの空堀で仕切られた頂には三つの城郭がそびえたっていた。まさに要塞《ようさい》の山と呼ぶにふさわしい姿であったろう。およそ四百五十年前、今の景色からは想像もつかぬ事態がこの地で起こっていた。美しい町並みが目の奥でにわかに戦場へと変わる。

本庄繁長の乱。何とも不思議な反乱である。春日山城の席次第二位の重臣が、事もあろうに武田信玄と結んで乱を起こした。だがその信玄は信濃飯山城を攻撃しただけで、輝虎が身動き取れぬ状況に陥ったと見るやすかさず駿河《するが》へ侵攻した。繁長はまんまと信玄の仕組んだ戦略に乗せられたわけだが、この武者はここからがすごい。戦国時代最強と評される上杉軍団相手に十カ月もの間戦い抜き、葦名《あしな》（蘆名、芦名）、伊達《だて》両氏の仲介を得るや一転して降伏。嫡子千代丸を人質に差し出し罪を許されたばかりか、時をおかず軍団に復帰している。高城《たかじょう》の場合とはたどった経緯がまるで違う。もちろん繁長が持つ豪胆さや魅力を輝虎が惜しんでの

村上城本丸跡に立つ石碑　公園になっており、この時期ユリが目についた。風に揺れる花が哀れを感じさせる

こともあろうが、それにしても輝虎は寛容過ぎる。繁長は十年後の御館《おたて》の乱でも景虎方に付き、のち景勝《かげかつ》に降伏、このときも許され後に軍団に帰参している。繁長に対して府内が寛容なのはいったいなぜなのだろう。この武者の魅力こそ、裏を返せば府内が抱える問題と密接につながっているのではないか、そういう思いが頭をかすめた。

本庄繁長の背負ったもの

本庄繁長は天文八（一五三九）年十二月に生まれている。誕生の直前、父房長《ふさなが》は実弟小河長資《おがわながすけ》の謀反に遭い遠征先の出羽で憤死。手薄になった城は奪われた。辛うじて落ち延びた妻は付近の寺で男の子を産んだ。その赤子が幼名千代猪丸《ちよいまる》、後の本庄繁長である。突然主を失った家中は不穏な空気に包まれるが、間もなく秩父党の一門色部勝長《かつなが》が調停に入る。千代猪丸を城主にする代わり小河長資を後見人として認めるというもので、本庄家の内紛はこの妥協案で一応の決着をみる。

天文二十（一五五一）年、十三歳になった繁長は菩提寺《ぼだいじ》である耕雲寺で父房長の十三回忌を営んだ。この時後見人として出席した小河長資を急襲、捕らえたうえで切腹に追い込んだ。ついに父の無念を晴らし本庄家の実権を取り戻したのである。

本庄繁長の家督相続は与えられたものではなく、十年余の歳月を経て自らの才覚と力で奪い取ったものだった。そこにこそ、この人物の独立心と野心の源泉がうかがえる。遠く離れた府内で長尾家の家督を兄から奪った謙信とある意味似ていなくもない。いつの日かこの二人がぶつかることはむしろ必然であったのかもしれない。

■繁長、府内を去る

永禄八（一五六五）年とあるから繁長が乱を起こす三年前のことである。十月二十四日、本庄で留守を守っていた妻が病で亡くなった。繁長は妻の病状を知りながらそばにいてやることができなかった。輝虎に従い関東に出陣中だったからである。

輝虎が関東管領職を継いだ永禄四（一五六一）年以降、冬は関東出陣というのが専ら慣例になっていた。輝虎はあくまで聖戦を唱えているので土地を取ったり物を奪ったりはしない。従って新たに与える土地や褒美もなく、代わりに直筆の感状が下賜されるのみであった。これに付き従う国人たちの事情は深刻である。軍役奉公をした家臣団に褒美を与えねばならず、しかし新たな収入はない。まさか感状を見せて納得させるわけにもゆかないから、結局は自腹を切って所領給付を行うはめになる。輝虎の理想と戦の現実の間で最も苦しい立場に立たされていたのが彼ら国人領主たちである。繁長もそんな中の一人であった。

繁長に限った話ではないこの手の不満が、まるで繁長一人の不満であるかのように吹聴された。「繁長殿、謀反の意これあり」そんな噂が府内に集う家臣団の間で取りざたされる。当然輝虎の耳にも届いただろう。繁長にしても腹にいちもつまったくないわけではない。恩賞のことや妻の病死のこと、輝虎への不満なら掃いて捨てるほどある。どうも長尾藤景あたりを相手にぶちまけていたらしい。それも二度、三度と。無骨な闘将には、その点を偽ってキッパリと叛意を否定することもできない。繁長自身、自分が本当はどうしたいのかじりじりしながら自問自答していたのだと思う。

家臣団の中にこういう状況と雰囲気をつくり出した人物こそ同じ秩父党の鮎川盛長《もりなが》である。盛長はたびたび繁長への讒言を輝虎の耳に入れていた。いったい繁長の何を憎んでのことなのかいまひとつはっきりしない。鮎川氏の居城である大葉沢《おおばさわ》城と繁長の本庄城とは目と鼻の間の距離で、親の時代には現実に戦が起きている。盛長はどういうわけか、繁長

村上城埋門跡　急峻な坂の途中にある

から「寝首を掻《か》かれる」と危惧《きぐ》していたらしい。

　盛長の真意はどうあれ「本庄繁長の謀反」は現実に家臣団の間でささやかれ始めていた。輝虎がそれを真に受けたかどうかは分からぬが、少なくとも真意を探ろうとしたことは確かなようだ。それが「長尾藤景《ふじかげ》兄弟を誅殺《ちゅうさつ》せよ」という命令で具現化したのだろう。

　繁長は輝虎の命に従い藤景兄弟を討った。だが輝虎は「府内の喧嘩として処理し、これは善悪の問題ではなく繁長の一方的な非法であると裁断を下した」（『村上市史』より）

　繁長からすればまったく理に合わぬ話だが、この裁断も輝虎が試したきらいがある。繁長はその答えとして府内を去った。この年数えで二十九歳、年齢的にも十分に分別がつき、単に頭に血が上ったわけではなかろう。もはや引くに引けぬところまできていたのだ。繁長謀反の噂はそれほどに家臣団の中に広がっていたのだろう。ここで恭順すればもはや隷属に等しくなる、と傍目《はため》が気になった。我は直臣団ではない、としきりに心が囁く。繁長の心中は恭順と反抗の間で大きく揺れたに違いない。

輝虎にしても繁長の真意はある程度分かっていたはずである。だが歩み寄れなかった。やはり「繁長謀反」の讒言が邪魔をしたのだろうか。お互いがその真意を理解し合っていながら、あと半歩、歩み寄れなかったばかりに越後は大きな混乱に巻き込まれ、やがて予想外の危機に直面し、さすがの輝虎も肝を冷やすことになる。

■本庄城包囲戦（二）

新潟日報　2008・9・8

本庄家に伝わる古文書で本庄城包囲戦の記録『永禄年中《えんろくねんちゅう》北越《ほくえつ》村上城《むらかみじょう》軍《いくさ》認書《みとめしょ》』の記述に「村上東ノ根古屋ヲ責ル」とある。本庄軍が、奪われた城主の居館（根古屋《ねごや》）を取り戻しにかかったというのだ。これによれば根古屋は臥牛山の東側、今の国道七号沿いにあっ

下渡大橋を渡りながら見た臥牛山　城のあった姿を想像してほしい

たことになる。この辺りは道路を挟んだ反対側にロードサイドの華やかな店やショッピングセンターが立ち並び、町中とはまた違った賑わいがある。山から下った本庄軍が根古屋を急襲したのは今からおよそ四百五十年前の五月十四日のことである。ショッピングセンターが立ち並ぶ辺りは敵の焼き打ちに遭い焼け野原になっていたことだろう。灰燼《かいじん》に帰した地には敵兵が大勢野営し、恐らく根古屋の周りなどはびっしりと敵に囲まれていたに違いない。だが繁長はあえてそこを襲った。府内の兵はよほど驚いたのだろう十五人も首を挙げられ、早々に退いている。

『永禄年中北越村上城軍認書』は、本庄

村上の黒塀通り　この町が持つ気概を感じる

軍が謀反の戦端を開く永禄十一（一五六八）年四月二十九日から木戸を閉ざして城に籠《こ》もる翌十二年正月十一日までの戦況の推移を詳しく伝えている。文書の成立は江戸時代前半だが、記述からうかがえる城の構造などが当時のものと思われ、内容に強い独自性が見られる。恐らく一次史料的な根本史料があって成立したのだろう。『村上市史』とともにこの文書を参考に戦の経緯を追いたいと思う。

大型ショッピングセンターを右に見ながら左にハンドルを切ると市中に続く道に入る。臥牛山の北側が間近に見える。このまま西に進めばいよいよ村上の町だ。繁長の時代、三面川は曲輪《くるわ》のすぐ近くを流れ、そこに北の出丸が突出していた。城の西側、現在は村上の町並みが広がる辺りは飯野ケ原という荒れ地であった。車は北の出丸からその飯野ケ原に向かう。東は湿地、西は荒れ地、南は深い水田が水をたたえていた（『上杉年譜』を参考）。堅固な城を前に輝虎は兵糧攻めの策にでる。東西南、城は蟻《あり》の這《は》い出るすきもなく府内の軍に包囲された。

乱の経緯（一）

永禄十一年四月二十九日、繁長は同族鮎川氏の居城大葉沢城を攻めた。輝虎は最初の報を越中で受けた。揚北衆の小乱はそれまでにもあったが、問題はこの乱の背後に武田信玄がいるらしいことだった。輝虎の行動は早い。揚北衆に斎藤、上条《じょうじょう》らの軍を加えて一軍団を編成し、五月五日には岩船に上陸させている。城攻めが始まるのはその四日後のことで、本陣も城下に敷かれた。「東の根古屋云《うん》々《ぬん》」という記事はこのときのものである。一方で府内軍は将軍嶺に笹山城（旧朝日村）を、下渡山に下渡嶋城を築城、本庄城攻めの拠点にしようともくろむ。本庄軍にとっては咽《のど》元に突きつけられた匕首《あいくち》のような城で、そのため七月の初めまではこの二つの城をめぐるゲリラ戦が主となる。局面が変わるのは七月十日、武田信玄が信濃飯山城攻めを下知した時からだった。武田軍団が信濃口を攻め始めると、それに呼応するように越中口から守護代椎名氏が侵攻を開始した。北では繁長が、西からは椎名が、そして南からは信玄が輝虎を追い込んでゆく。輝虎はすぐさま各口に諸将を配置し防戦の態勢を固めた。こうして十月までは繁長やや有利の状況で足踏みが続く。

十月二十日、ついに輝虎は府内を発進する。

■本庄城包囲戦（三）

新潟日報　2008・9・15

村上城の古道、七曲《ななまがり》の坂。梅雨明けして間もない七月の中旬、虫にたびたび耳元を襲われながら登った。鳴き始めた蝉《せみ》の声が三〇度を超える真夏の蒸し暑さをいっそう際立たせてくれる。二曲目《ふたまがり》くらいまでは何とかテンポよく登れるが三曲目《みまがり》を登りきるころになると顔はゆがみ、いつしか息も荒くなる。

とはいっても道はきれいに整備されており、登山そのものはやや急な坂をゆったりと登ってゆく感じ。ほかの山城巡りとは雲泥といっていいほどの差がある。比較的歩きやす

村上城本丸跡からの眺望　村上城本丸跡からは海も、川も、町も見える。人の動くさまも見えたろう。左手の諸上寺山には対峙する輝虎の本陣があったとされる

いせいか途中何組かの年配のご夫婦とすれ違い、あいさつを交わした。山腹に生い茂るクマザサが時折ガサゴソと音を立てて揺れ、何度かハッとさせられた。山にすむ生き物の、鳴りをひそめた息遣いがぞっとするほど間近に感じられた。

本庄城の時代、山の西側にあたる七曲の坂のふもとは侍屋敷であった。輝虎直臣団の包囲を受けすぐに焼かれたものと思われる。『村上城軍認書』には永禄十一（一五六八）年十二月十日、本庄軍が西の外に陣を張ったとある。城に籠もる兵たちは屋敷跡に居座る包囲軍をけ散らそうとこの坂を駆け下りていったに違いない。頭上を襲う矢玉に加え軽装兵たちの急襲。包囲側は随分と肝を冷やしたこと

だろう。繁長は輝虎の兵糧攻めに対し心理戦で挑んだきらいがある。

ようやく七曲の坂を登りきって四つ御門跡にたどり着いた。本庄城の時代、ここは二の丸と三の丸を仕切る堀切だったとされている。本丸跡まで尾根沿いにもうひと坂。頭上の石垣を見上げると、岩間から百合《ゆり》の花が顔を出してこちらを見下ろしていた。見れば所々で大きなつぼみがこうべを垂れている。息はあがっているが足は自然に動いた。すぐ脇を小学生と老人が早足に追い抜いていった。

本丸跡に立ち山頂からの眺めを堪能した。眼前に下渡山、眼下に市街と三面川、遠くに岩船港、日本海が広がる。多少かすみがかかってはいたが素晴らしい眺めだ。ここの物見に立てば敵陣の様子などひと目で分かる。恐ろしい城だとあらためて思った。

乱の経緯（二）

輝虎は新潟三カ津（新潟、沼垂《ぬったり》、蒲原）で軍勢を整えた後、永禄十一年十一月六日に岩船の本陣に到着した。二日後の八日には本陣を村上に移し城攻めの準備を始める。これに対し繁長は城下すべての木戸を閉め切り防戦態勢を固めた。この直後両軍は臥牛山中腹で激突、死傷者は千人に及んだと伝えられる。十五日、輝虎は一転して無理な城攻めをやめ大軍をもって三方を囲む策に出た。兵糧攻めである。

この時期、信玄は駿河に侵攻している。実は甲斐《かい》からの使者がすぐ近くの猿沢城に入っていたが、輝虎の敷いたこの包囲陣のおかげで城に近づくことができなかった。時期が偶然重なったのだろうが信玄はこの連絡不備を嫌った。以後信玄が本庄軍へ助勢することはなかった。繁長の命運は皮肉なことに堅固な城なるが故に決まってしまった観がある。

翌永禄十二年一月九日、繁長は新たな千人を加えた残存兵を率いて城から打って出たが戦況を好転させるには至らず城に戻らざるを得なかった。この後、戦は再び膠着《こうちゃく》。長引く兵糧攻めにこのままではもたぬとさすがの繁長も覚悟したのだろう、葦名、伊達両氏に和議の仲介を願い出る。三月十四日、輝虎はその和議に応じた。

■村上の町を歩く

村上。私が好きな町の一つである。町を活性化しようと、住人が自ら企画を立て行動し

村上の街並み　かつては飯野ケ原という荒れ野であった

ている。下りたままのシャッターが目につくのは他の町と変わらないが、「町並み」というレベルで、無駄な力みのない、内から滲《にじ》み出てくるようなパワーが感じられる町である。

この町を訪れるたびにいつも寄せてもらっている小さな旅館がある。小町にあるその旅館で、軽い食事と入れたてのコーヒーを飲んでから取材に出るのだ。

目の前の通りを大町方面に向かう。鮭を商う店、酒を扱う店、老舗と新店が軒を競い結構な賑わいようだ。風に騒ぐ色とりどりの暖簾《のれん》に目を奪われつい足が止まる。店をのぞきたい気持ちをぐっとこらえて北越銀行村上支店の手前で右に入り駅方向に向かう。そのまましばらく行

飯野の料亭前から臥牛山を望む

くと目的の地、飯野がある。

越後連合軍が城を囲んだ永禄十一（一五六八）年当時、今の町並みはまだなく飯野ケ原と呼ばれる荒野であった。七《なな》湊《みなと》集落などの郷村は主に城の南西方向に広がっており、臥牛山の周辺は侍屋敷と根古屋（城主の居館）以外、三面川がつくる深い湿地であった。

繁長が大葉沢城を攻めたのが四月二十九日。輝虎が自ら兵を率いて岩船に着陣したのは、それからおおよそ半年後の十一月六日のことである。これより二カ月ほど前、武田信玄は信濃口から撤兵しており、輝虎は飯山城の備えを本庄攻めに向けることが可能になっていた。輝虎は新発田氏や五十公野《いじみの》氏をこれに充てる。

ほかに上田、古志の両長尾氏と旗本を率い、それまで戦ってきた直江景綱《かげつな》、柿崎景家《かげいえ》、斎藤朝信《とものぶ》、揚北衆らの軍を合わせて大規模な本庄城攻略軍を編成した。信玄の脅威から解放され、満を持しての出陣だったわけである。

着陣二日目の十一月八日、本陣を岩船から本庄（村上）に移し、城山を力攻めに攻めたが双方合わせて千人以上の死傷者を出して失敗に終わる。この戦を機に、輝虎は無理な城攻めを避け包囲戦を指示する。川が前面にまで迫っている北側を除き、東西南の三方を大軍で囲んで兵糧攻めにする策に出たのだ。このときの面々がとにかくすごい。『永禄年中　北越村上城軍認書』は諸将の名を細かに記している。

東ニ陣取衆　上条・北条《きたじょう》・上田・斎藤小子衆・黒川・下田《しただ》衆・大茂《おおも》衆　以上九手
南陣取ノ衆　枇杷島《びわじま》・色部・新津・平賀・安田・杉原・下条《げじょう》・五十公野　以上八手
西ハ　御旗本・新発田・中条・柿崎、其外何モ御旗本ニ候也

南はさしずめ揚北衆の連合軍といった観があるが、東と西はそれに加えて上条（上杉）、北条、斎藤、柿崎など上杉軍団の主力部隊が一同に顔を揃えたという感じだ。当時、戦国最強と評された越後上杉軍団に居城の三方を囲まれた二十九歳の若武者はどのような心持

ちであったろう。恐らくは怒りと恐怖の間で夜も眠れぬほどのたうちまわったことであろう、だがこの武者のすごいところは、頼りにしていた信玄に裏切られ、越後中の諸将に居城を囲まれながらも、戦いをやめなかったことである。

訪ねた飯野の地は料亭の建物やお屋敷風の民家がかもしだす風情ある町並みであった。包囲戦の際、この辺りを囲んでいたのは直参《じきさん》旗本、新発田、中条、柿崎のいずれかの部隊であったろう。すぐ間近に見上げる臥牛山は小雨降る寒空に晩秋の褪せた紅色を煙らせていた。四百五十年前、その時囲んだ兵が見ていた山は幾重もの竪堀と曲輪が造り出す、いかにも厳めしい要塞の姿であったろう。曲輪に立つ砦の丸木、風にはためく軍旗、立ち上る黒煙、時折響く砲声や怒号そして悲鳴。同じ目線で山を見上げながら、兵たちの心の内に思いが及ぶ。「この戦のどこに義があるというのか?」。やりきれぬ心の内と故郷に残してきた家族への思いが日々膨らんでいったことであろう。兵たちは恐らく万感の思いを込めて山を見上げていたに違いない。

この日、そぼ降る小雨の中、傘を差しながら通りを歩く女性のぽつりとした姿が、白く煙る山の景色と重なってひどく印象的であった。今の飯野にかつての荒れ野の面影はない。

■本庄城包囲戦（四）

新潟日報　2008・9・22

この日、国道七号は雨模様だった。村上の市街を抜け、三面川を渡り、さらに走ると、ワイパーがなでるフロントガラスの向こうに猿沢集落が見えてくる。上野で左ウインカーを上げ小道に入る。集落の中、スピードを落とし気味にゆっくりと進む。左手に赤い屋根の神明宮が見えたらそこが目的の場所である。車はそこまで、あとは歩きになる。

本庄繁長にとって猿沢城は特別な城だったに違いない。生まれる直前に叔父に本庄城を奪われ、十三歳でその叔父を自害に追い込むまで繁長は猿沢城で雌伏の時を過ごした。乱の際も府内の軍はこの城を執拗《しつよう》に攻め、繁長もこれを懸命に守った。信玄の使者が足止めを食ったのも、乱の後繁長が蟄居《ちっきょ》したのもこの城である。繁長の節目節目に名前の挙がる城だ。

臥牛山が史跡として整備されているのとは対照的に、ここはもはや城跡と呼べるような状況にはない。車のわだちが残る草の道には所々小さな露草が咲いており、それを踏まぬよう気を付けながら奥へと進んでゆく。ここ城山のふもとにはかつて根古屋（居館）が建っ

猿沢城跡　猿沢城のふもと、かつて泥田堀だった小道。荒れ果てているだけに、なおのこと哀れさが胸にしみる

ていたらしい（『朝日村史』より）。高々と盛られた土塁の長い線が今もはっきりと残っている。道はかつての堀跡で、倒れた竹やら木やらが障害物のように行く手を阻んでいた。雨の中、足元はぬかるみ、例によって羽虫が耳をかすめる。ふもとの居館だけでこれだけの遺構を残しているにもかかわらず、なぜ整備をしないのだろう？とごく自然に疑問を覚えた。このまま山道を進めば「福館」の要害「サルクロ」の詰城《つめのしろ》へと続くはずだが、今日の空模様ではどうやらこれ以上行けそうにない。仕方がないのでもう一度ふもとの遺構を丹念に見て回り、旅を終えることにした。

繁長は、乱から二十一年を経た天正十

八（一五九〇）年、景勝検地の際に色部長真《ながざね》と諍《いさか》いを起こす。その直後、奥羽一帯で大規模な反秀吉の一揆が起きたことから秀吉に疑いを向けられ、一時大和へ配流される。それにしても失脚と帰参を繰り返す浮き沈みの激しい人生を送った武者である。猿沢城の今の姿はあるいはこの猛将に覇気を与え続けた、その抜け殻なのかもしれない。

見果てぬ夢

この乱の後、輝虎は嫡子千代丸を人質に取ることで繁長を赦《ゆる》した。人質を取るという公式は他の国人、家臣団にも適用され、少しでも渋った者には輝虎から厳しい詰問が浴びせられた。「もはや特別扱いはしない」輝虎の強い意志が感じられる。こうして揚北衆は本庄繁長の乱を契機に辛うじて残っていた力さえ府内の勢力にのみ込まれようとしていた。

府内と阿賀北という地理的な要因もあろう。また揚北衆の面々がそれぞれの家柄に誇りを持っていたという事情もある。いずれにせよ国府という機能を盾に越後をまとめようとしていた輝虎にとって、揚北衆最大の勢力である本庄氏への態度はそのまま揚北衆全体への姿勢と解釈されかねない。謙信も景勝もそのことを十分理解していただろうし、弱みにもなっていたはずである。繁長もその辺の事情を見透かしていた。それ故なおのこと独立という見果てぬ夢を追い続けたのかもしれない。この乱で本当に歯軋りをしたのは、実は包囲戦に参加した揚北衆の面々だったように思えてならない。

■本庄繁長の乱がもたらしたもの

四月に始まった本庄繁長の籠城戦は、秋には大規模な包囲戦に発展し、翌年三月には繁長の降伏という形で決着がついた。しかし輝虎は人質を取るという条件で繁長を赦免した。この戦はあくまで反乱である。しかも死傷者の数が二千人にも及ぼうかという甚大な被害があった割りに腹を切った者が誰もいない。そういう意味で、いまひとつ実態の分からぬ反乱でもある。

そもそもこの乱は、国人層の誰もが持っていた輝虎への不満、その程度の不満を繁長が代弁したような格好で始まっている。ではなぜ繁長だったかといえば、同族の鮎川盛長が輝虎に讒言を労していたこと、輝虎もまたそれを信じたきらいがあること、また繁長自身、自分が揚北衆一の実力者であると自負し、その力を試してみたいと常日ごろから野心を抱いていたらしいことなど、幾つか理由が挙げられる。ふたりは激しく対立していたわけでもないのに、互いに客観性を欠き、もう半歩歩み寄れなかったがために戦う羽目に陥ってしまった、それがこの反乱全体の性格のように思えてならない。

ただ、これら越後国内にくすぶる微妙な感情のずれを正確に収集し、それらを巧みに増幅させて小さな火種からもうもうと煙を煽《あお》った人物がいる。その人物こそ甲斐の虎、武田信玄である。

信玄は当初から駿河への侵攻を目的としていた。南進政策は相対的に北信濃の守りを薄くする。その隙《すき》を突いて越後軍団が攻め込んでくるであろうことは容易に想定できる。また駿河が武田に占領されれば相模《さがみ》の北条にとって大きな脅威になる。越後と相模が一時的にせよ同盟を組み、甲斐を挟み撃ちにすることも警戒せねばならない。いずれの場合も要は越後を押さえ込むことで後顧の憂いを絶つことができる。信玄はそう考えたのだろう。

「自分は飯山城を攻略し、北信濃から再び越後の海を目指す」そういった趣旨の文を越中の椎名康胤《やすたね》にあて書き送る。その一方で輝虎を越後国内にくぎ付けにする策を考えていた。その標的にされたのが本庄繁長だったのだろう。外圧は時として国内の乱れをまとめる場合があるが、国主として最悪の事態は家臣が引き起こす分裂、つまり内乱である。信玄はその内乱を越後国内で起こすことで輝虎の動向を押さえ込もうと企んだ。府内の人間関係を調べ、諍いがあればその原因を探り、いよいよ使えるとなれば梯子《はしご》をかけて、おだて、すかし、そして登らせる。緻密《ちみつ》な諜報活動の結果、本庄繁長の名が挙がり標的にされた。繁長も最初はそういう信玄の術中にはまったのだろう。

だが、この武者は、自分が捨て駒にされたのだと気付いたときも、決して諦《あきら》めなかった。並みの武将ならこの時点で降伏或いは切腹していたことだろう。しかし繁長は最後まで戦い抜いた。

輝虎もしっかり損得の勘定をしている。このまま本庄家を潰《つぶ》せば、他の揚北衆への睨《にら》みが緩くなる。輝虎への不満も増幅するだろう。それよりは、この件を契機に人質の前例を作り、一気に揚北衆を押さえ込むことの方が得策ではないか、と。年末から年始にかけ、相模の北条がしきりに講和の話を持ちかけてきている。また駿河を追われた今川氏真《うじざね》も信玄を牽制してくれるよう頼んできている。輝虎にしてみれば、もはやつまらぬ内乱を戦っている場合ではないと判断したのだろう。「人質を取る」という一点だけを明確な条件にし、あとは責任追及さえも曖昧にして事を決着させた。

繁長はその後も庄内の大宝寺《だいほうじ》氏や会津の葦名氏と結び、出羽の最上《もがみ》氏を牽制しながら阿賀北から庄内にかけ大きな勢力圏をつくろうと画策していたきらいがある。豊臣秀吉が中央政権を樹立したため勝手が利かなくなり断念せざるを得なくなったが、私の目には伊達政宗と肩を並べるほどのワルに映る。

だが、関が原の後、百二十万石から三十万石に減らされた上杉家再興のために、懸命に尽くした重臣は直江兼続《かねつぐ》とこの本庄繁長の二人を置いてほかにない。ワルの忠節とはそれほどに重く、堅いものなのであろう。

これより謙信が没する天正六（一五七八）年三月までの十年間、越後国内に大規模な反乱は影を潜め、戦はもっぱら国外が中心となる。結果としてみれば、本庄繁長の乱は謙信の時代における最後の大規模な内乱となった。この内乱は長らく混迷してきた越後という国に、曲がりなりにせよ一応の統一をもたらすきっかけになった、と私は考えている。もっとも当の繁長はもとより、信玄さえも予測し得なかったことであろうと、歴史の皮肉を思わずにはいられないが。

北条・安田という名族

■北条・安田という名族（一）

新潟日報　２００８・９・29

越後には坂東《ばんどう》武士《むしゃ》の末裔が多い。特に揚北衆《あがきたしゅう》は鎌倉以来の名族ばかりで、地理的に府内から遠いこともあって上杉氏への帰属意識が比較的薄かった。しかし懐に叛意《はんい》を抱く名族はなにも揚北衆ばかりではない。柏崎市北条《きたじょう》の地に名族中の名族がいた。しかも出自は坂東武士でなく公家《くげ》である。代々文章道をつかさどる家に生まれ、源頼朝《よりとも》に招かれて鎌倉幕府の公文所別当《くもんじょべっとう》を務めた大江広元《ひろもと》。この鎌倉きっての策謀家の四男が季光《すえみつ》といい、彼を祖とする一族が毛利氏である。季光は宝治元（一二四七）年の宝治合戦で三浦氏に味方して討ち死に、三男経光《つねみつ》だけが辛うじて残った。経光は越後佐橋荘と安芸《あき》吉田荘の地頭職を承認される代わりに鎌倉へ戻ることを禁じられた。以来毛利氏は越後と安芸に分かれて存続することになる。ちなみに安芸の毛利氏は言わずと知れた後の長州藩主である。

越後毛利氏の館はかつて柏崎市南条《みなみじょう》にあった。佐橋荘とはこの周辺だったのだろう。いつごろ南条から北条に移ったかは定かでないが、それを機に姓を毛利から北条に変えたと思われる。

北条は「ほうじょう」ではなく「きたじょう」と読む。小雨のそぼ降る中JR北条駅を背に車を降り正面を眺めた。遠くにそれらしい小山が見える。長島川に架かる橋を渡り小山のふもとに着くと時宗の古刹《こさつ》専称寺の門前に出た。専称寺は北条氏の菩提《ぼだい》寺で、その山門は北条城の大手門を移築したものと伝えられる。表に立っている案内板には「豆の木門」と記されていた。その脇に「北条城登山口」の矢印があり寺の裏手につながっていた。眼前に苔《こけ》むした石段の連なりが広がる。見るからに急勾配《こうばい》で思わず気がなえた。ちょうど居合わせた近所の女性に城への上がり方を尋ねると「ここはきついから」と別のルートを教えてくれた。林道沿いを少し行った先にある登り口で「ここよりは少しは楽だ」と丁寧に行き方まで説明してくれた。結局この日、雨の中を苔

専称寺　かつては北条城の城門だったという専称寺の門。城の門から寺の門へ、時はすべてを包み込むのか

に足を取られながら急な石段や山道を登った。路傍に咲くアザミの濡れた青色が今も心に残っている。

北条高広の乱（一）

謙信の時代、北条《きたじょう》高広《たかひろ》は二度謀反を起こしている。最初の謀反は天文二十三（一五五四）年、武田信玄と通じて北条城で挙兵。この時は同族の安田景元《かげもと》に密告されふた月ほどで降伏している。降伏後は謙信に許され奉行に取り立てられたばかりか関東方面の押さえとして上野《こうずけ》厩橋《うまやばし》城主（群馬県前橋市）に任じられた。このころの厩橋城は府内の政権にとって対関東の最前線基地にあたり、城主ともなればかなりの裁量権を任された政治、軍事の責任者ということになる。もともと能力のあった人物なのだろうが、それにしても謀反者に与える役職ではなかろう。思うに、輝虎《てるとら》は気位の高い管領派諸将の相手には北条《きたじょう》の家柄が一番だと判断したのではないだろうか。旧関東管領家の序列などしょせんその程度のものだったのだろう。やがて関東の情勢は高広の能力を超えて逼迫《ひっぱく》してゆく。武田、北条の圧力に耐えかねた北条高広は、今度は北条《ほうじょう》氏康《うじやす》と通じて謙信に反旗を翻す。時に永禄十（一五六七）年のことである。

安田城本丸跡　木々の紅葉が美しかった

■北条・安田という名族（二）

新潟日報　2008・10・6

越後毛利氏の末裔は北条氏のほかにもう一家ある。安田氏がそれである。足利幕府三代将軍義満《よしみつ》の時代に、時の毛利家当主が恩賞で安田の地をもらい、それを次男に与えた。次男はその後正式に安田荘の地頭職を得、それを機に毛利から独立、安田に改姓した。ようするに北条氏の分家筋ということになる。

北条高広と同じ時代を生きたのは安田景元、顕元《あきもと》父子である。景元は北条高広が武田信玄と結んで謀反を企てた際、高広から同調するよう誘われたが、あくま

安田城跡　安田城の本丸跡に立つ「安田城址」の石碑。筆は上杉家代16代当主上杉隆憲氏による。安田氏の家中における重さがうかがえる

で輝虎に忠誠を貫き、その事実を直江実《さね》綱《つな》に報告した。

景元の死後家督を継いだ嫡男の顕元は御館《おだて》の乱に臨んでいち早く景勝《かげかつ》支持を表明し、本家筋の北条氏とは逆の立場をとった。また乱終結後の論功行賞では新《し》発《ば》田《た》重家《しげいえ》に約束した恩賞が得られず、何もしてやれなかったという罪悪感に悩んだ末その責を負い、切腹して果てている。北条高広が小才を利かして立ち振る舞った印象が強いのに対して、安田父子は筋が一本通っていて忠義に篤《あつ》く、どこか江戸時代の地方武士を思わせるところがある。同じ一族でこうも違うものかと、同時代に生きた二つの家の当主を不思議な思いで眺めるばかりである。

久しぶりに夏の日差しが戻った九月初め、安田父子の気骨に少しでも触れたいと思い安田城を訪ねた。北条城とは鯖石《さばいし》川を挟んで西側にあたり、道も整備されていて山も低い。暑かっただけにありがたかった。道は急勾配だが、まるで丘の上の公園を目指すような軽い感覚で登れる。その割に本丸跡からの眺めは他の山城に決して劣らない。東側には青々とした山の稜線が、西側には柏崎の町並みと、さらにその向こうの海までとらえることができる。すぐ下の二の丸跡に目をやると、傍らの竹林が折からの風を受け一斉に身をしならせていた。あえて逆らわず、さりとて従わ

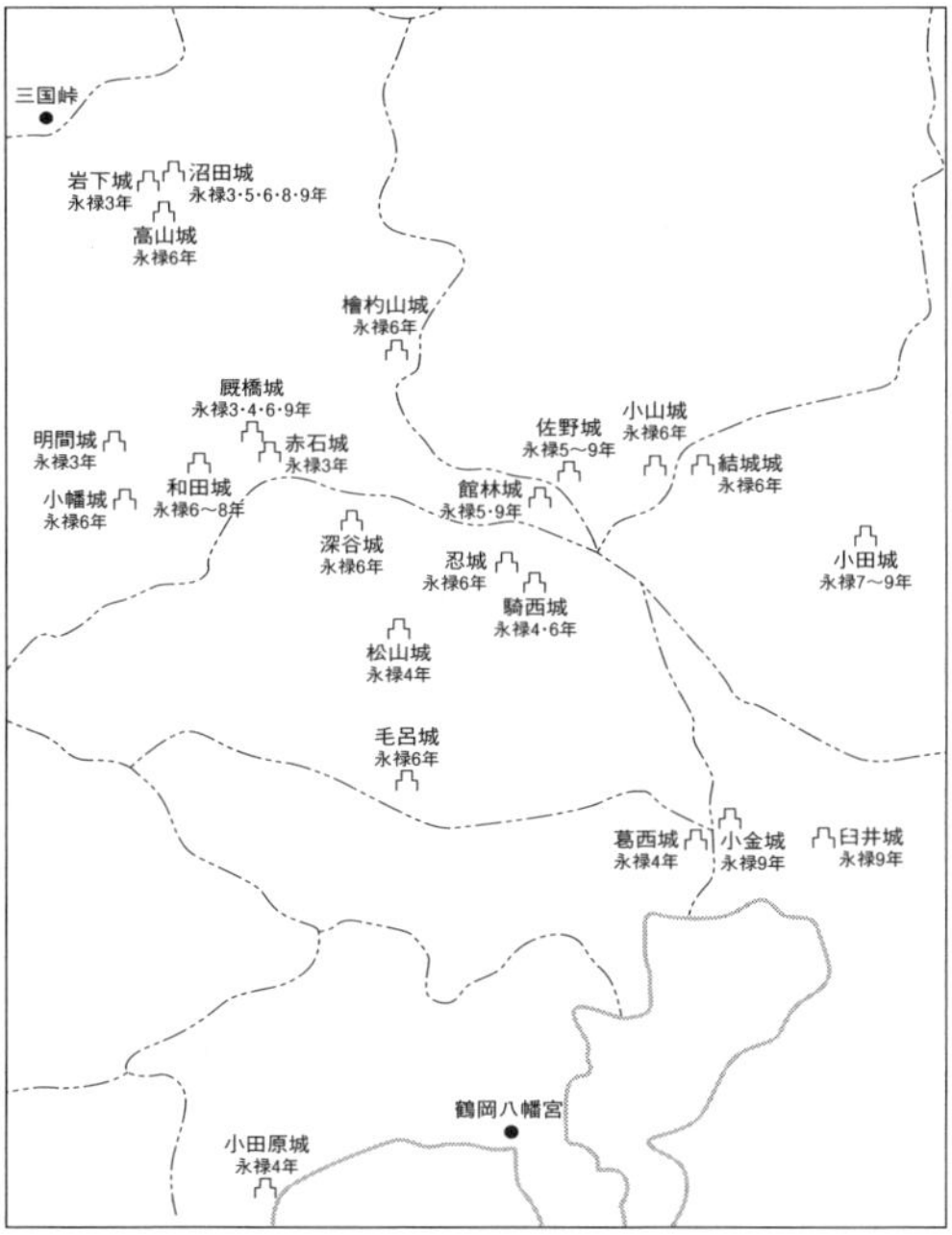

輝虎の関東侵攻地図（永禄３～９年）
※城名の下は、輝虎勢が攻撃あるいは拠点とした年を示す
『上越市史』通史編２　中世（2004年）

ず。そのありさまを眺めるうち、この城に「分家」を感じた。代々の安田氏当主はこの二文字を常に胸に刻んでいたのだろう、景元、顕元父子の気骨はその裏返しのように思えてならない。城は構えより主《あるじ》の人となりによって成され残るものなのかもしれないと、あらためてそう感じた。

北条高広の乱（二）

武田信玄は永禄七、八（一五六四、六五）年と上野《こうずけ》に侵攻した。この時東上野に割拠する上杉派の諸将は厩橋城に集まって信玄の動きに備えた。高広は輝虎の代官として彼らをよく束ねている。官吏としてはかなり優秀な人物だったのだろう。ところが永禄十年、東上野の諸将が一斉に輝虎から離反し北条《ほうじょう》氏康に付くと、その圧力に抗しきれなかったのか高広も彼らと行動を共にする。情勢が「優秀な官吏」の限界を超えてしまったのかもしれない。しかし府内からすれば許し難い裏切りである。上野の支配体制は完全に破たんし、輝虎は関東における最大の拠点を失う羽目になった。それから三年後の永禄十二年、輝虎と北条《ほうじょう》氏康は和議を行う。このときの氏康の仲介のおかげで高広は帰参を許される。帰国後は家督を長男景広《かげひろ》に譲り、安芸入道芳林と称して仏門に入ったが、間もなく起こる御館の乱がこの親子の運命を大きく暗転させることになる。長男景広は戦死、高広は領地を失いその後の足取りは途絶える。「いつも勝たない側に付く」。私が北《きた》条《じょう》高広に抱く印象である。

■北条城を訪ねる

梅雨に訪ねた折にはたどり着けなかった北条城の本丸を今日こそは目指そうと再び専称寺の門前に立ったのは十一月の中旬であった。かつての城門と伝えられる豆の木門の前で手を合わせ、それから案内に従って早速石段を登り始めた。今回は近道をせずあえて大手口から登る。

最初の急な斜面を登りきると、そのすぐ脇にすっかり苔むした古い石柱が立っていることに気付く。越後毛利氏の祖時元《ときもと》のものと伝えられる墓らしい。まるで木々に守られるようにひっそりと置かれている。一度足を止め手を合わせる。城域に足を踏み入れる非礼を詫びるためだ。それからはまた先を急いだ。今度は緩く長いだらだら坂を真っすぐに進んでゆく。この辺りはまだ城跡の散策というより、山を登っているという感覚の方が強い。

毛利時元のものと伝えられる墓　毛利時元は越後毛利氏の祖。時の重みを感じる

この山がいよいよ城山らしくなってくるのは、横切っている林道を越え、半ば朽ちかけた石段を登った後の馬繋《つな》ぎ場、二の丸へと続く辺りからである。木々の葉はあまり残っていなかったが、その代わり落葉が道を覆い、まるで紅と黄が入り交じった絨毯《じゅうたん》の上を進んでゆくような、奇妙な感覚に襲われた。歩きながら少し注意するだけで土塁や空堀が目につく。景色は山のそれと変わらないのに、ここが造られた場所なのだとあらためて思い知らされる。

二の丸脇の大空堀を過ぎるといよいよ本丸跡に着く。それにしても長い曲輪だ。真ん中が窪《しぼ》んでいて、まるで緩やかなVの字のようになっている。ベンチに

北条城本丸跡からの眺望　左手に見える小さな丘が安田城跡である

腰かけ下界を見下ろすと、なるほどここは毛利氏本宗家の城だったのだとあらためて納得してしまう。安田城の本丸跡から柏崎の町並みと海を眺めたとき、さぞ立派な城だったんだろうと感じ入ったが、その安田城がまるで出城か、ともすれば砦ぐらいに小さく見える。

歴史はあくまで結果論であり、どんなに栄華を誇った者でも、ひとたび敗者の側に立てば時の流れの中で埋没してしまう。本家の北条高広は御館の乱で勝ち組になれなかった。一方分家の安田顕元はその実直な性格を貫き、結局は勝ち組になった。北条高広は領地を失い、安田顕元は抗議の切腹で人生を終える。どちらも気の毒な晩年だったが、少なくとも安田氏は家と領地を残した。安田城本丸跡に立つ「安田城跡」の碑は、上杉家第十六代当主、上杉隆憲氏の筆によるものである。安田家が代々上杉家に仕えた証しであろう。安田城が今も主家筋を持つ城跡なら、北条城は遠い昔に仕えるべき主を失ったいわば廃墟である。規模が大きいだけにそれがかえって哀れさを生む。安田城を見下ろし、柏崎の町を見下ろし、その向こうに広がる海を見渡しても、私の目には失われた時を眺めているようにしか映らなかった。

■北条高広のプライド

さて、この人物である。近年出自をいろいろ取りざたされているようだが、北条本宗家を継いだ事に間違いはなく、どこの分家の出だろうと北条家の当主になった事実は変わらない。

本書に登場するさまざまな武者の中でも北条高広は特に興味の尽きない人物の一人である。

高広は輝虎がまだ長尾景虎《かげとら》と名乗っていた時代に一度、北条城を根城に反乱を起こし、すぐに降伏している。天文二十三（一五五四）年のこととされているから景虎が家督を継いで六年目、第一回川中島合戦の翌年に起こしたことになる。いまだこれといった実績のない景虎を見くびっての謀反だったのだろうが、後ろで武田信玄が糸を引いていた。乱の後、景虎は謀反者であるにもかかわらず高広を重用する。政務奉行の一人に加え、七手組隊頭も任せた。一見すると寛大過ぎるようにも思えるが、それだけ高広の能力も高かったのだろう。少なくとも永禄四~五(一五六一~六二)年ごろには厩橋城(群馬県前橋市)の城将に任じられていた。

このころ、厩橋城は関東遠征のための前線基地になっていた。この城なくしては越後からの関東遠征など到底不可能であったろう。関東管領の職に就いた輝虎にとって関東遠征は職に従った義務であり、それを支える厩橋城の存在はいわば管領職の生命線に等しいものだったに違いない。その城を任せるのである。輝虎がいかに高広を評価していたか、その一端がうかがえる人事といえよう。

これだけの高待遇を受ける環境下にありながら高広は永禄九年閏八月、再び輝虎に背く。この間、いったい彼の身に何が起こり、その心中にどのような変化が起きたのか、考えるほどに興味は尽きない。

高広の祖先大江広元は鎌倉幕府の初代公文所別当であるが元は京の公家である。この血筋は高広の中でかなり高いプライドになっていたと思われる。同族の出である毛利元就《もとなり》は既に安芸・周防《すおう》の二国を平定し、さらに山陰の尼子《あまご》氏を追い詰め、今や中国地方全域に影響を及ぼす一大大名になりつつあった。同族の出世を伝え聞き、高広が見果てぬ夢を追ったとは思わぬが、さりとてまったく意識しなかったかといえば、そうでもあるまい。最初の謀反はそもそも長尾氏という血を軽んじたことに端を発している。輝虎もまた、高広の「血の尊卑」という感覚をよく理解し、またそれを使おうとした。気位の高い旧管領派の諸侯を相手にできる人物は高広以外に見あたらず、厩橋城将はまさにうってつけの職だったといえよう。

上野の国は当時大きく四つに分かれ、南は北条《ほうじょう》、西は武田、北は越後の影響下にあった。東上野だけが旧管領派の諸将を中心にかろうじて独立の体裁を保っていた。厩橋城は上野のほぼ中心に位置している。輝虎が高広に命じたのは関東の情勢を越後に報告すること。高広はそのために関東の諸将と連絡を密にして情報の把握に努めた。現代風に言い換えるなら、厩橋城は関東における越後大使館で、城将は輝虎から委任を受けた全権大使ということになる。その全権大使が、事もあろうに大使館ごと小田原の北条《ほうじょう》氏に寝返ったのである。

北条城《きたじょう》（柏崎市）の本丸跡に立ったとき、間近に冬の訪れを感じた。北条の地はどちらかといえば山地である。冬には雪が降り、山も里も白く覆われる。風も強い。潮を含んだ

北条城二の丸跡　急な石段を登るとこの景色が広がる

海風が容赦なく畦《あぜ》を渡って吹きつけてくる。高広は厩橋城将に任じられる永禄六年までの、恐らく四十年以上の歳月（一五二〇年前後の生まれとする説が最も有力である）を北条の地で過ごした。海や山が間近にあり、吹く風には潮のにおいが含まれ、冬には雪が降る。これは雪国特有の湿り気、湿感といっていい。厩橋城のある上州は風の強い土地である。特に冬は埃《ほこり》を含んだ空っ風がビュンビュン吹きつける。同じ強風でも北条の潮風とは湿感がまるで違う。雪国生まれ、雪国育ちの高広が、この気候風土に違和感を覚えなかったわけはなかろう。

　だがその一方で、関東は祖先が住んだ地でもある。厩橋の冬は雪が降らぬぶん毎日晴れる。眩《まぶ》しいほどの朝の光を目にするたび、高広は自分の代で、ついにこの地に戻ってきたという思いに自らを高揚させていたのではないだろうか。血のプライドは、長く関東に戻れなかったというコンプレックスと裏返しになり、越後を敬遠するようになる。

関東に憧れを抱きながら、一方で雪と潮の湿感が忘れられないでいる。北条《きたじょう》高広の精神はこの矛盾の中で徐々にすり減っていったように思えてならない。

それまで輝虎に従っていた東上野の諸将が一斉に北条《ほうじょう》に寝返った。本来なら単騎でも城を抜け出し、越後に急ぎ戻らねばならない立場の高広は、しかしそうはせず、諸将と行動を共にして関東に残る道を選んだ。だがその六年後には、再び北条《きたじょう》の地へ戻ってくることになる。

この人物を眺めていると、すり減ってゆく男の、口の中でぶつぶつ言う独り言が、今にも聞こえてきそうである。

ほかの武将には感じない憐《あわ》れさと、滑稽さの入り交ざったイメージはそんなところからきているのであろう。

御館—Otate

■御館—Otate（一）

新潟日報　2008・10・13

春日山（上越市）はいつの間にか秋の装いである。この前登った時はまだシャガが薄紫の花をつけていた。初夏から仲秋へ、御館の乱で敗れた三郎景虎《かげとら》の面影を追うため再びこの山を登っている。あの日、沿道にひっそりと咲くシャガの可憐《かれん》さに強く惹《ひ》かれたのを思い出す。

北条《きたじょう》高広《たかひろ》の裏切りで上野《こうずけ》の支配体制を失った輝虎《てるとら》が失地回復のため戦略上やむを得ず結んだのが相模《さがみ》北条《ほうじょう》氏との同盟、越相同盟である。その人質として元亀元年（一五七〇）三月に小田原からやって来たのが北条氏康《ほうじょううじやす》の七男、北条三郎であった。絶世の美青年と伝えられるこの人物への興味は尽きない。輝虎は翌月に対面し、その後、長尾政景《まさかげ》（景勝《かげかつ》の実父）の娘と結婚させ、さらに自分の幼名である景虎の名を与えた。越相同盟はおよそ二年で破たんしてしまうが、三郎はその後も相模には戻らなかった。このころすでに謙信の後継者たらんと自らを研鑽《けんさん》していたのであろう。彼が最も輝いていた時期のはずだが、なぜか憐《あわ》れみを覚える。それが日陰に咲く花、シャガと重なったのだろう。

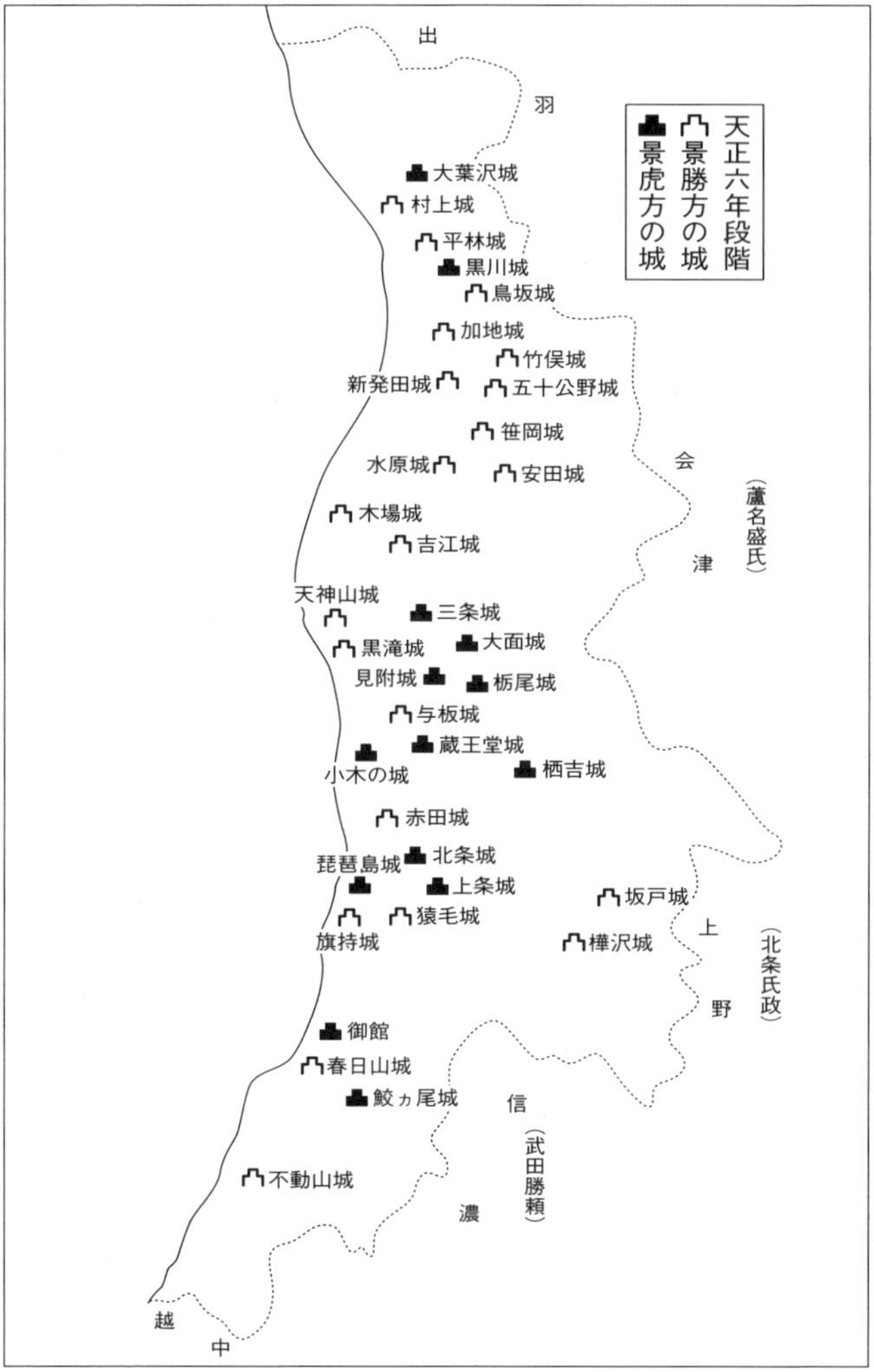

御館の乱の両軍配置図　『新潟県史』通史編 2　中世（1987年）

春日山城実城（本丸）跡から見た二の丸跡　景虎の居館はこのすぐ下にある。この距離で２カ月もの間実際に戦闘が行われた

春日山城の二の曲輪《くるわ》は実城《みじょう》（本丸）の直下にある。景勝はまず実城を占拠し、その後に、景虎の居る二の曲輪を真上から攻撃した。機先を制せられた景虎だったが、驚くべきことに同じ城の、しかも真上と真下で、争いは実にふた月にも及んだ（上越市史より）。二の丸跡に立ち頭上を見上げるともうそこは本丸の崖《がけ》である。こんな間近で、憎しみ合う二つの陣営が角突き合わせていたかと思うと恐ろしくもありまた滑稽《こっけい》でもある。やがて景虎は春日山を下り元関東管領上杉憲政《のりまさ》の館、御館《おだて》に移る。本丸と二の丸の距離を実際に目の当たりにしてもそこで戦があったこと自体想像がつかない。実感がわかないのだ。ましてやそれがふた月に

も及んだなど、もはや想像の範疇《はんちゅう》を超える。まさに戦が持つ狂気といえよう。

御館の乱（一）

乱と称されてはいるが、その実は乱ではなく謙信の急死をうけた跡目争いである。謙信に実子はなく、代わりに養子が二人いた。一人は北条氏康の七男景虎、もう一人は上田—坂戸城（旧六日町）の長尾政景と謙信の姉との間に生まれた景勝である。機先を制したのは景勝であった。天正六（一五七八）年三月、春日山城のならびの曲輪にいた景勝は直ちに実城（本丸）を占拠、二の曲輪にいた景虎を攻めた。先手を取られた景虎だったが、二カ月にも及ぶせめぎ合いの末、御館に籠もった。府内における戦がこの御館をめぐる攻防戦になったので御館の乱と呼ばれる。ところがこの跡目争いは名前のような局地戦ではなく、関東、信濃、東北を巻き込んだ大争乱になった。

対立の構図ははっきりしている。景勝を支えるのは上田を中心とした魚沼の諸将。対する景虎は古志（長岡）、蒲原（三条）の諸将に支えられていた。揚北衆《あげきたしゅう》はほとんどが景勝方で、少数派の景虎方はその劣勢を補うため葦名《あしな》や伊達《だて》と結んだが、景虎に付いたはずの本庄繁長《しげなが》が煮え切らない。結局阿賀北における景虎方は大きな勢力にはなれなかった。一方、関東の北条氏政《うじまさ》は実弟救援のため当然援軍を繰り出そうとするが、思うように兵を動かせない。この戦のキーマンは甲斐にいた。武田勝頼《かつより》である。

■御館―Otate（二）

新潟日報　2008・10・20

上越市五智。御館公園は、この住宅地のど真ん中にある。入り口に「御館」と彫られた石碑が立っており、最近になってその脇に史跡説明の案内板が設置された。園内は一面芝で覆われ、史跡というよりは住宅地の中の空間と呼んだ方がふさわしい眺めだ。定期的に近所の住民が草刈りなどをして手入れしているらしい。大切にされている場所なのだろう。

「上越市史」によれば堀を合わせた御館の外郭は東西約二百五十メートル、南北約三百メートル。そのうち土塁と堀を併せた幅は十八～二十メートルだったという。内郭は東西約百三十五メートル、南北約百五十メートルとあるから、今残っている敷地は恐らく館の

鮫ヶ尾城からの眺望　景虎終焉の地である鮫ヶ尾城の本丸跡に翻る旗。この周りは若いカップルや家族連れでに賑わっている

中心部なのだろう。それにしても景虎はこんな平地で春日山を敵に回し、十カ月もの間敵の囲みの中で過ごしたことになる。よもや自分が負けると思っていなかったのかもしれないが、それにしても腹の据わった武者だとあらためて感心した。

景虎を追うことを決めたときから是が非でも訪ねなくてはならないと心に決めていた場所がある。旧新井市宮内、景虎が無念の切腹をして果てた悲劇の城、鮫《さめ》ヶ《が》尾《お》城である。

秋晴れが広がる午後、登りながら木々の表情についい心を奪われる。少し前までの暑さと虫との闘いがまるで嘘《うそ》のようだ。思えば山は今が一番いい季節なのだろう。城山を訪ねるとき、その目的は必ずしも頂上を目指すだけではない。堀切《ほりきり》りや曲輪や門の跡など途中調べることがたくさんある。特に斜面の向きによって群生する植物の種類が異なるということを、この取材を通して初めて知った。

一時間ほどかけて頂上にたどり着いた。意外だったのは老若男女、さまざまな世代のカップルが入れ代わり立ち代わり登ってくることだ。他の城跡には見られない光景だ。あらためて景虎の人気を思い知らされた。この県の住人はやはり敗者に優しいのだと、今更ながら心が和む気がした。

御館の乱（二）

武田勝頼には一つの杞憂《きゆう》があった。北条家の七男が越後の国主になれば越相で連合し武田を攻めるかもしれない。この疑念が小出雲《おいずも》（旧新井市）に陣取った勝頼に春日山城攻めをためらわせていた。景勝はこの機を逃さず講和を申し出る。勝頼に黄金を贈ること、東上野の領地を割譲すること、勝頼の妹と婚約することの三つの条件を提示し、勝頼がこれをのんで講和は成立した。その後に繰り出された諸策により北条軍は樺沢城《かばさわ》（旧塩沢町）でくぎ付けとなり、関東の援軍が景虎に届くことはついになかった。戦況は大きく景勝へと傾いてゆく。

関東からの援軍が期待できないと悟った景虎は栃尾の本庄秀綱《ひでつな》、三条の神余親綱《かんなまりちかつな》、他に北条高広、景広の親子など国内勢の戦力増強に務めたが、時すでに遅かった。天正七（一五七九）年三月、樺沢城が落城、十七日にはついに御館も陥落する。景虎は関東を頼って逃亡するが、逃げ込んだ先の鮫ヶ尾城で城主堀江宗親《むねちか》の裏切りに遭い壮絶な切腹をして果てた。享年二十六とされる。敵将亡き後も景勝は本庄と神余を赦さなかった。翌天正八年三月、神余親綱がこもる三条城へ向け府内を発進する。この時先鋒《せんぽう》を担ったのが新発田重家《しばたしげいえ》である。重家は目覚ましい働きを見せるが、後の論功行賞で恩賞に与《あず》かれなかった。このことが、越後に新たな大乱を招く火種となる。

■鮫ヶ尾城跡にて

鮫ヶ尾城跡は今までに三度登った。大手口から一度、搦手口《からめてぐち》から二度、帰りはその逆になる。いずれの登り方を選ぶにせよ必ず一度は管理棟の前を通る。実はこの管理棟がなかなか楽しい。その日は九月の中旬で、天気もよく日差しもきつかった。ようするに暑かっ

鮫ヶ尾城跡　鮫ヶ尾城跡を示す木碑。旗、石碑、木碑と頂上は賑やか

たのである。暑かったので長い時間をかけて登る大手口コースより、急勾配だが短い時間で登れる搦手口コースを選んだ。おかげで足はパンパンになったが早く本丸跡にたどり着くことができた。逆に下山は急勾配などまっぴらである。大手口の方は二の丸を越えるまではきついが、あとは勾配が緩く、下る分には坂道感覚で下りてこられる。多少時間がかかってもこちらの方がいい。山の北側斜面から池に下り、その脇を通って再び階段を登る。登りきればもう管理棟の前である。そこで女性に声をかけられた。

「お茶でも飲んでいきなさい」

気さくな方で、管理棟に勤めるコン

鮫ヶ尾城跡碑　鮫ヶ尾城本丸跡に立つ城跡の碑。この日も花束が供えられていた

ドウさんとおっしゃる美女だった。お言葉に甘え中に入ると早速、お茶とおつまみを振る舞ってくれた。屋内に並ぶ長机と長椅子、その上に次々と大小の皿が並んでゆく。白瓜の味噌漬け、焼き茄子《なす》、オクラの味噌漬け、とれたてのトマトや栗、ほかにもいろいろ。お茶より酒の方が合いそうなつまみだったが、汗をかいた体にはなかなかピッタリのもてなしだった。ここは地域のガイドも兼ねていて聞けばちゃんと答えてくれるし、頼めば解説もしてくれる。鮫ヶ尾城跡に行く機会がおありなら一度のぞいてみたらいかがだろう。

上田長尾氏と古志長尾氏

「御館の乱」は乱ではなく上杉家の跡目争いである。後継者は謙信の二人の養子で、一人は北条氏康の七男、三郎氏秀《うじひで》。謙信が長尾を名乗っていたころの名、景虎を与えられた。もう一人は上田長尾氏の当主長尾政景と謙信の姉綾姫《あやひめ》（仙桃院《せんとういん》）との間の子、顕景《あきかげ》。後に景勝と改める。

この二人のうち謙信が誰に上杉家を継がせようとしていたのかは謎である。それを公にする数日前に亡くなったともいわれるが真偽のほどは分からない。景勝はもともと坂戸城を継ぐ立場だったので、上田衆という上田長尾氏の直参が味方に付いている。ところが景虎の場合は関東から養子に入ったため、そもそも越後国内に軍事的基盤がない。本来なら戦にならないはずだが、ここにもう一つの跡目争い、長尾氏の主導権争いが絡んでくる。

長尾為景《ためかげ》（謙信の父）が隠退し、晴景《はるかげ》（謙信の兄）が跡を継いだとき、明確に二つの家が対立した。晴景を推す長尾政景（上田長尾氏）と景虎（後の謙信）を推す長尾景信《かげのぶ》（古志長尾氏）である。ちなみに春日山城の長尾家は、もとは三条城にいた三条長尾氏である。

このときは景虎を推す古志長尾氏が勝ち、以来上田長尾氏と上田衆は謙信政権下でずっと冷や飯を食らうことになる。

上田対古志の対立は謙信急死の際もすぐに表面化した。越後国内に軍事的基盤を持たないはずの景虎が、二の丸や御館で戦い抜けたのは長尾景信、本庄秀綱など古志長尾氏の勢力が味方に付いたからにほかならない。

長尾景信は居多浜の戦いで山浦国清《くにきよ》と戦い戦死。跡継ぎがいなかったため家督は寵臣だった河田長親《ながちか》が継ぐことになったが、長親は「長尾姓」への改名を固辞し、古志長尾氏は事実上断絶する。

もう一人の古志長尾氏、栃尾軍団の本庄秀綱も、栃尾城を落とされ、会津に逃亡し、その後佐々成政《さっさなりまさ》に仕えている。

御館の乱は景虎だけでなく、謙信の最大の後ろ盾であった古志長尾氏を事実上壊滅させるという結果に終わった。

■三条城の攻防

上杉景虎は天正七（一五七九）年三月二十四日、逃れた先の鮫ヶ尾城で自刃した。勃発からおよそ一年余り、御館の乱は景勝と上田衆の勝利という形で一応の決着をみた。しかし、戦はなおも続いていた。戦をやめなかったのは栃尾城の本庄秀綱と三条城の神余親綱である。栃尾城の方は古志長尾氏なので当然ともいえるが、三条城の方はどうなのだろう。

三条城のもともとの城主は長尾氏であった。室町の初期に長尾高景《たかかげ》という人物が越後守護代に任じられて鉢ヶ峰《はちがみね》城（後の春日山城）に入った。この時から三条長尾氏の基盤は府内に移る。主家の抜けた城は、長尾家の家宰、山吉《やまよし》氏が守ることになった。山吉氏は何代にもわたり城将を務め、城を守り続けてきたが、天正五年九月、とうとうその流れに異変が起きる。

山吉氏当主豊守《とよもり》が若くして急死した。しかも嗣子がなかったため弟の景長《かげなが》が十三歳で家督を継いだ。上杉家はしきたりとして元服前の家督相続を認めていない。府内は山吉家の代々の貢献を考慮し、景長を領地半減のうえ木場《きば》城（新潟市西区木場）に移した。

景長に代わって三条城に入ったのが神余親綱である。親綱は謙信の旗本の一人で、謙信存命中は主に京都に駐在し特産品の売買などを任されていた。彼を迎えた山吉氏の家臣はさぞ複雑な思いをしたことだろう。神余親綱は恐らく府内の指示に従い、三条を直轄化する役目を担い赴任してきたものと思われる。謙信が長年かけて育ててきた、官僚の一人だったのだろう。

本成寺（三条市）の黒門　三条城の城門と伝えられている

　ところが赴任後、半年ほどで謙信は急死する。木場城の山吉景長はいち早く景勝支持を打ち出したが、神余親綱は栃尾城と呼応して景虎支持に回った。山吉氏の旧臣に囲まれた親綱が、木場城と違う選択をするということがどういう結果を生むのか、予想できなかったわけではあるまい。いずれ裏切り者の手によって寝首を掻《か》かれる事くらいは、あるいは覚悟のうえだったかもしれない。

　景虎が自刃し、既に戦の大儀はなくなっていたにもかかわらず、親綱は三条城に立て籠《こ》もって景勝と上田衆への抵抗をやめなかった。かつての城主山吉景長は、城に籠《こ》もる旧臣たちの窮状を見るに見かねたのだろう、ひそかに城内と連絡を取り合う。やがて栃尾城が落城し、完全に孤立化した三条城内では内応者が続出する。親綱は彼らの手によって討ち取られ、景虎の自刃から遅れることおよそ三月《みつき》、天正七年七月初旬、三条城はついに落城した。

もともと地元に基盤がなく、しかも旧主家の山吉氏が景勝を支持する中で、親綱はなぜ強硬に景虎を支持したのだろう。しかも景虎自刃の後も、景勝と上田衆に対し頑強に抵抗を続けている。このあたりに、御館の乱が持つもう一つの側面、もっといえば本質が、見え隠れしているように思えてならない。

ちなみに、この後、景勝は城を応急普請して新しい城将を任じた。城将の名は甘粕景持《あまかすかげもち》。川中島合戦で名をはせた猛将だが、三条には何の地縁もない人物であった。

下越大乱

■下越大乱（序）

旧笹神村笹岡（現阿賀野市）。新発田《しばた》城、五十公野《いじみの》城、水原城を近くに控える揚北衆《あげきたしゅう》勢力の最前線という観がある。そこに楔《くさび》のように打ち込まれた長尾氏の城、それが笹岡城である。景勝《かげかつ》の時代、この地から新発田までのおよそ十キロの間は広大な水郷が広がっていた。ちなみにその名残が福島潟である。

城はその水郷に突出する形で建てられていた。沖の舟からは湖上に浮かぶ浮島のように見えたに違いない。城の東北部には舟溜《ふなだま》りがあり城内へ引き込む堀もあった。堀跡は今もそれらしい姿を残している。舟溜り近くの土塁の斜面には「十郎杉」という杉の大木が枝を広げている。恐らく大木はその昔もっとたくさんあって行き交う舟の目印になっていたことだろう。立地といい舟溜りの施設といい、この城の主要な交通手段が舟であったことがうかがえる。もともと揚北衆を監視するのが目的で造られたような城で、阿賀北の状況を一刻も早く三条方面に伝えるのが何よりの役目だったのだろう。

輝虎《てるとら》の時代、城主は府内から派遣されていたようだ。本庄繁長《しげなが》の乱に際し、永禄十二（一五六九）年正月、輝虎はこの辺りの武将五人にあてて、戦に奮闘するよう書状を送ってい

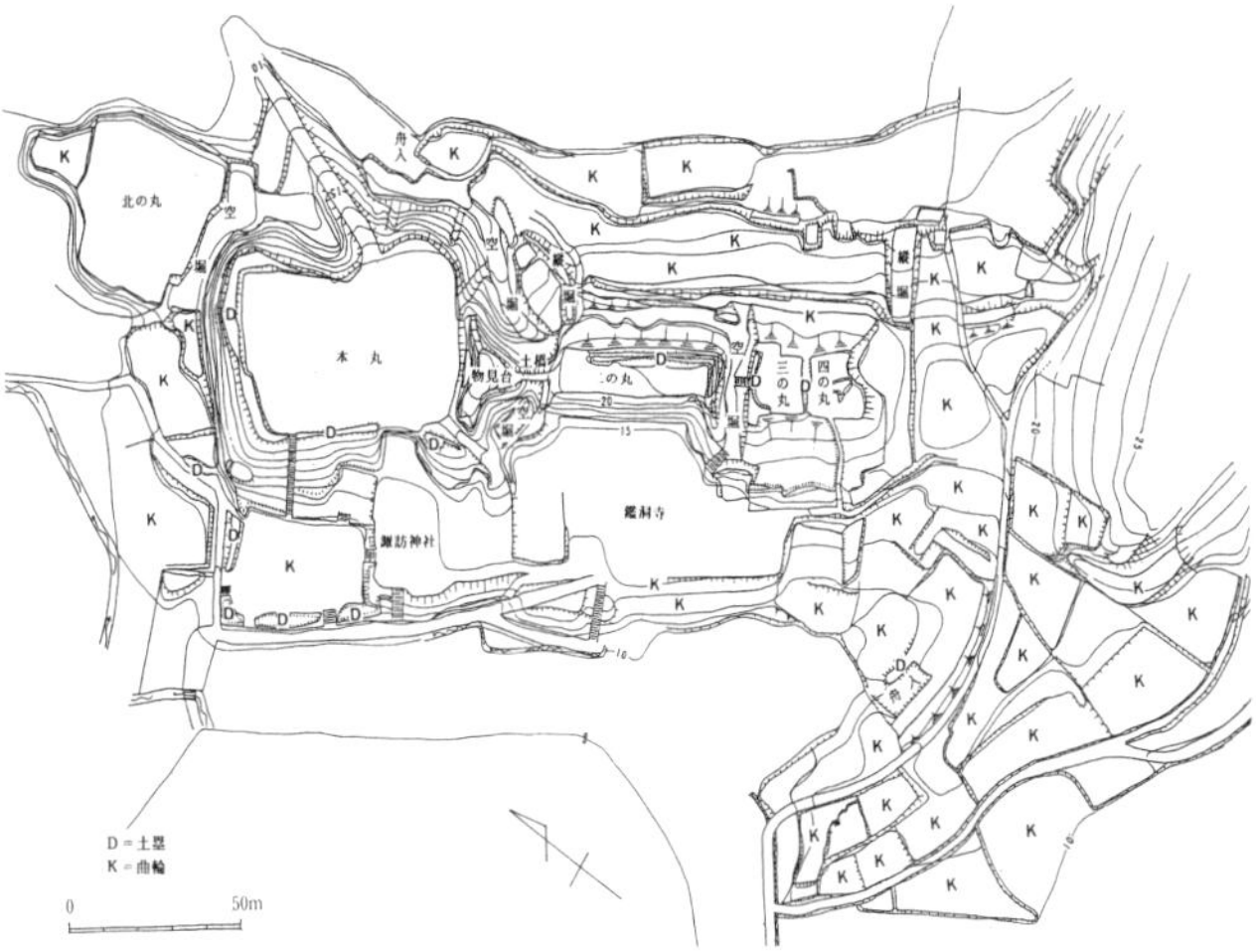

笹岡城跡実測図　『笹神村史』通史編（2004年）

る（『上杉輝虎書状』）。そのうちの三人は揚北衆だが、あとの二人、富所《とみどころ》隼人佐《はやとのすけ》と松木《まつき》内匠助《たくみのすけ》は揚北衆ではない。恐らく笹岡城に常駐していた派遣城主だったのだろう。府内から城主を派遣しなければならないほど阿賀北の情勢は逼迫《ひっぱく》していたに違いない。笹岡城の楔としての役割は、このころから急速にその重みを増してゆく。

　城の規模はそれほど大きくない。『笹神村史』に「笹岡城跡実測図」が載っているが、そこから推察できる城の規模は、北の丸から四の丸下の曲輪までおよそ二百五十メートル、本丸と曲輪を合わせた東西の幅がおよそ百七十メートル、ちょっとした競技場並みでしかない。そ

福島潟からの眺望　笹岡城から見た舟つなぎ場の景色はこんな風景だったのかもしれない。遠く新潟の港まで続いていたのだろう

こに本丸から四の丸までの各城郭が立ち並び、二の丸と三の丸の間には空堀が切られていた。本丸脇には物見の跡も確認されている。さしずめ水郷に浮かぶ小形の要塞《ようさい》といったところだろう。

　時は移って天正十（一五八二）年、景勝が笹岡城あてに送った書状が残っている（『上杉景勝書状』）。そのあて名に「今《いま》井源右衛門尉殿《いげんうえもんのじょう》」「此外山浦《このほかやまうら》家中衆《かちゅうしゅう》」とある。また二年後の天正十二年五月の書状には「今井源右衛門尉とのへ」「酒《さか》井《い》新《しん》左衛門尉《ざえもんのじょう》とのへ」と二人の名が記されている。山浦氏は長尾氏の一族である。このころの笹岡城主が山浦氏の今井源右衛門尉、酒井新左衛門尉であったことが分かる。

越後を二分した御館《おだて》の乱の傷跡がいまだ癒えぬ天正九年、下越においてかつてなかった規模の反乱が起きる。新発田重家《しげいえ》の乱、下越大乱の始まりである。足かけ七年にも及ぶこの反乱は信長、秀吉、家康、伊達《だて》、葦名《あしな》を巻き込んで政治と軍事の駆け引きの舞台となってゆく。大乱の間、笹岡城は新発田勢への最前線基地として常に戦火にさらされることになる。長尾氏の一門が守る水郷の浮島城は、その規模の割に果たした役割は大きい。新発田氏にとって最後まで目の上の瘤《こぶ》になったであろう小形要塞は、いま児童公園として市民の憩いの場になっている。

■下越大乱（一）
新潟日報　2008・11・3

燃え立つような夏の暑さもようやく収まり、川面を渡る風に秋を感じ始めたころ、新潟市の信濃川を行くウォーターシャトルに乗った。乗船は萬代橋西詰めで、ふるさと村までのチケットを買った。船尾のデッキに立ち、心地よい風を受けながら遠ざかる萬代橋を眺めた。視界の下に白波が立ち、岸の景色はいつもと違ったものに見える。風と光とにおいの織りなす未体験の感覚におおよそ四十五分の間、目を見張り我を忘れた。

春の日のやすらぎ堤　その昔繰り広げられた船戦などとても想像できない

高速で進むせいか意外に波が立つ。もし船団を組んだとすれば後方の船は随分と舵《かじ》を取られることだろう。この大河の出口がかつて主要な運河であったころ、船はもっとゆっくり進んでいたに違いない。まして縦に長い船団ともなれば、いや、それ以上にこれから夜襲をかけようとなれば、なおさらのことである。

天正九（一五八一）年から天正十三年にかけ、新潟の地は戦の舞台になった。新発田重家の乱は新潟港の占領から始まっている。新発田勢は新潟に城を築き新発田刑部《ぎょうぶ》を城将とした。対する景勝方は木場《きば》（新潟市西区）にあった出城を強化し、城主・山吉景長《かげなが》に加え、蓼沼友重《たでぬまともしげ》を派遣してこれに対抗した。新潟城（白山神社の近辺を推定地とする説もある）から、景勝が詰める木場城へ。新発田勢が率いる船団は、新潟城を出て幾度か木場城を攻めた。また木場城の山吉、蓼沼らも船で新潟城を攻めている。互いに船団を率い、両岸の葦《あし》に隠れながらそっと近づき、不意に火矢を放ったことだろう。

両陣営ともに、この河口を押さえることが経済的にも軍事的にも重要な意味を持つと強く認識していたに違いない。終点のふるさと村に近づくにつれ目立つようになる葦の群生を眺めながら、ごく自然にそう思えた。

乱の起こり

御館の乱での敗北を機に、それまで主流派だった古志長尾氏は没落。新発田長《なが》敦《あつ》（重家の兄）が安田顕元《あきもと》の誘いで景勝方に付いたのも、空白になりつつあった三条城の権益を手にしたかったからにほかならない。天正八（一五八〇）年正月、三条城に立て籠《こ》もって景勝に最後まで抵抗した神余親綱《かなまりちかつな》は城内の謀反で自刃に追い込まれた。事態は長敦の思惑通りに進んだが翌年三月、病で急死する。

長敦に遺子はなく、すでに五十公野の家を継いでいた弟の重家が急きょ新発田氏を継ぐ。こうして新発田氏には重家が、重家の抜けた五十公野氏には妹婿の長沢義風《よしかぜ》（後の五十公野道如斎《どうにょうさい》）が入った。この当主交代を理由に景勝と上田の諸将は新発田一族を恩賞の対象から外した。三条の権益は謙信以来の功臣である甘《あま》粕景持《かすかげもち》に与えられ、もともと三条に所領のあった五十公野道如斎はかえってその権益を失うことになった。重家も兄長敦の遺領と新発田氏の名跡を安堵《あんど》（承認）されるにとどまった。三条の権益は長敦を景勝方に誘った安田顕元が条件の一つにしていたと思われ、現に顕元はこの件を再三にわたり景勝にかけあっている。だが願いは聞き入れられず、顕元はこの後切腹している。

ここに至り、重家は春日山城を去り、その一方で新潟港の沖の口（関税）の横領を始めた。人質を出さぬ重家の叛意は傍目《はため》にも明らかで、府内と新発田氏の対立は決定的なものに見えた。この状況に目をつけたのが織田信長である。

■新発田重家の無念

御館の乱からおおよそ二年後の天正九（一五八一）年、越後は再び大きな戦乱に見舞われる。事の起こりは御館の乱の論功行賞にあった。

新発田因幡守《いなばのかみ》重家は初め五十公野家を継いだが、兄である尾張守《おわりのかみ》長敦が病で急死したため、御館の乱の後に新発田氏の名跡を継ぐことになった。この時間のずれが景勝と上田衆に口実を与えることになる。

重家と上田衆の思惑が対立したのは三条の地であった。

新発田は新発田川と加治川に挟まれ、周りを深い沼地に囲まれた軍事、経済の要衝の地である。

新発田川は加治川の本流で、福島潟や紫雲寺潟などとともに阿賀野川に吸収され、新潟津で信濃川と合流して海へと注いでいた。これらの河川や潟がつくる水郷地帯は新発田、三条、新潟を結ぶ広大なもので、新発田氏はもともと蒲原の水運に一定の権益を持っていた。

重家の兄長敦が御館の乱で景勝方に付いたのは、三条城の神余親綱を攻めて三条の地を手に入れ、信濃川の水運を我が手に握ろうと思惑を働かせたからである。だが、府内の実権を握った景勝と上田衆にとって三条城から新潟津にかけての水郷地帯は下越全般の水運を押さえるという面からも、貿易港を確保するという面からも非常に重要な場所であり、どうしても確保しておきたい戦略上の要衝だったに違いない。ましてや揚北衆に与えるなど最初から考えになかったのではないだろうか。

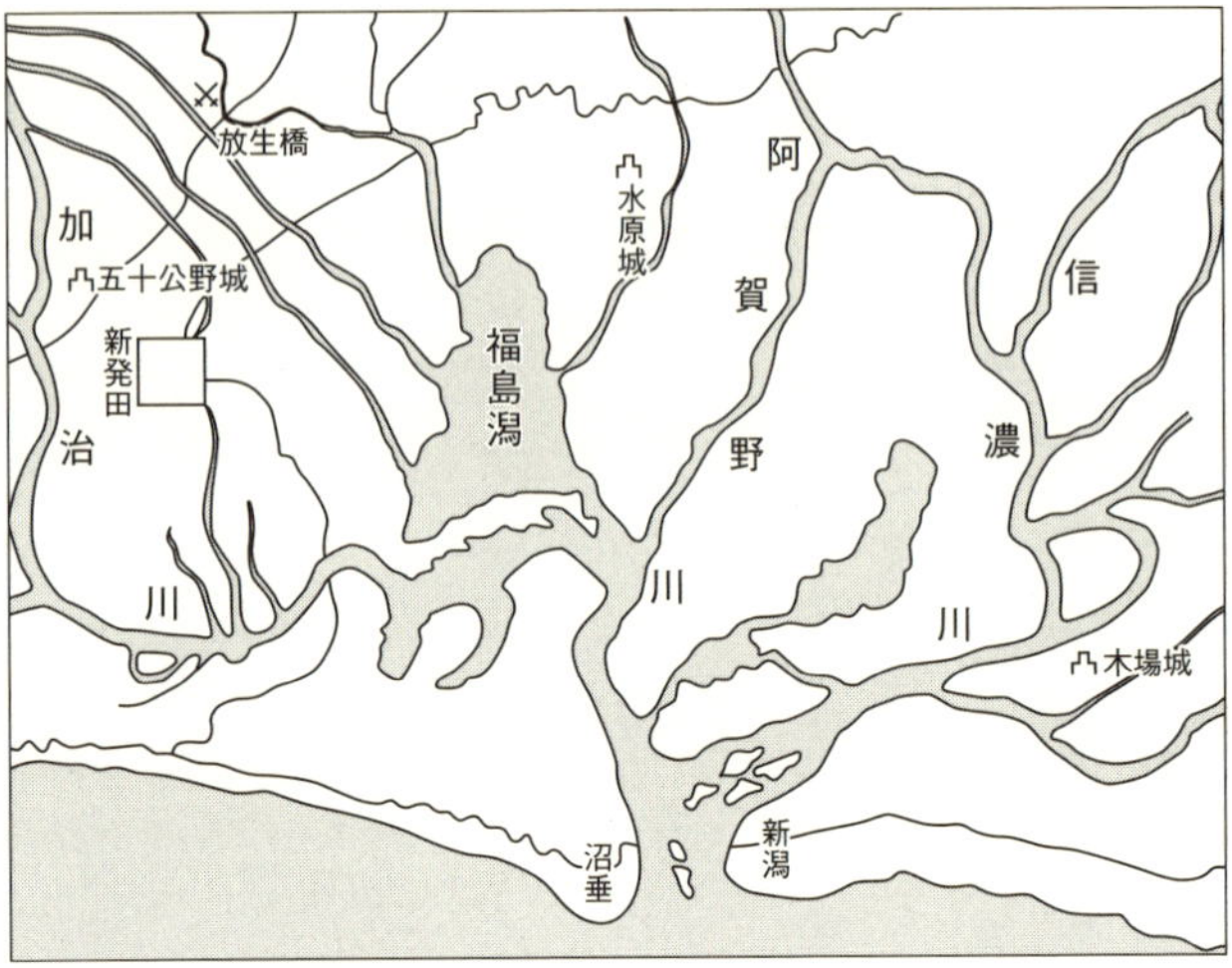

新発田城と木場城図
※地形は「正保２年国絵図」による。
『新潟県史』通史編２　中世（1987年）

兄の急死で新発田氏を継いだ重家ではあったが、御館の乱では、三条攻めの先陣を務めるなど獅子奮迅の働きをしている。亡き兄の分はもとより自身の働きにも大きな恩賞を期待していたはずだが、その期待は大きくはずれた。景勝と上田衆は、長敦の死を理由に新発田氏を論功行賞からはずし、家督相続と遺領の安堵（承認）のみを認めて恩賞を一切与えなかった。結局、三条城は旧臣の甘粕景持が入ることになり、これによって妹婿の五十公野道如斎が持っていた三条の土地と権益も失われる結果となった。我がもの顔とも思える府内の一方的なやりようだが、事はこれだけにとどまらなかった。揚北衆にとって咽元《のどもと》に突きつけられた府内の城、笹岡城の城将に、上田衆の今井源右衛門久家《いまいげんうえもんひさいえ》が充てられ、これで三条、新潟、水原に至る三角地帯はそのほとんどが府内の監視下に置かれる形になった。新発田氏は御館の乱で大きな功績をあげたにもかかわらず、論功行賞の対象から外され、しかも領地と権益が上田衆に圧迫されるという、思いもよらぬ仕打ちを受けることになった。

このような状況に陥った重家は怒りに身を震わせたことだろう。書状を破り棄《す》て、拳を振り上げて大きく目を剥《む》く重家の姿が浮かぶ。

この状況に目を付けたのが越中にまで勢力を伸ばしてきた織田信長である。信長は配下の武将佐々成政《さっさなりまさ》、神保長住《じんぼうながずみ》を通じて重家と連絡を取っていた。御館の乱以来景勝は武田勝頼《かつより》と通じており、信長は越後攻略の足がかりとしても、武田との対立軸としても重家を重用する腹だったと思われる。信長対勝頼の構図はそっくり越後に持ち込まれることになった。

春日山城に暇乞《いとまごい》いをした重家と道如斎は、天正九年六月いよいよ決起する。新発田城、五十公野城の守りを固めたうえで赤谷城の小田切盛昭《おだぎりもりあき》、加地城の加地秀綱《ひでつな》など同じ佐々木党の一族や、御館の乱で景虎方に付いた残党を集めて挙兵した。城の周りに多くの砦を築き一族の者や家臣に堅く守らせた。その中の一つ八幡砦《やはたとりで》では後に重家、景勝両軍の大激戦が行われることになる。

この挙兵に先立つこと数カ月、重家は新潟津の沖の口運上金（関税）を横領している。新潟津は同じ一族の竹俣慶綱《たけまたよしつな》の本領で、明らかな知行権の侵害行為であった。新発田重家の乱はこの新潟津沖の口運上金をめぐる争奪戦が焦点の一つになる。新潟戦争の始まりである。

■新潟戦争

『新潟市史読本』は「新潟出現」の中で、新潟原初の地を古新潟《ふるにいがた》と呼び「およそ現在の新大付属新潟小、中学校、新大付属病院の近辺」（昭和五十四年当時）と推定している。その集落の前面には信濃川が流れていて「多くの中州ができていた」とし「中州のうち大きなものを人々は白山島、寄居島などと呼んだ」と紹介している。その島々の間をやがて船が行き来するようになる。新潟津の始まりである。

重家が沖の口を横領したころの新潟津は湊としての機能をかなり拡充していたものと思われる。直江兼続《かねつぐ》は木場城の蓼沼友重に、重家討伐の後には新潟代官の地位を与えると約束しているが、新潟を領地として与えるとは一言も言っていない（『新潟市史読本』より）。新潟津はあくまで府内のもので、与えるのは地位だけということだろう。新潟津の持つ権益と

木場城跡　木場城跡とされる八幡神社の本殿。公園として整備されているので気軽に楽しめる

は、それほどに大きいものだったと思われる。重家は越中の佐々成政と連絡を密にする必要があり、それが真の目的で新潟津を支配下に置こうとしたのだろう。当然景勝はこれを遮断しようとする。

新潟市西区木場。木場城跡は上越新幹線と関越自動車道の高架に挟まれたわずかな場所に「宮のもり木場城公園」として残っている。公園としてはきちんと整備されているが、実は八幡神社の境内にあたる。この八幡社が主郭のあった場所とされているが、遺構らしいものが何もないので城の形や規模、大きさなどといった具体的なことは分からない。ただすぐ近くを中ノ口川が流れていて、恐ら

新潟島（信濃川左岸）より万代橋を望む　「船栖楼」とはどんな軍船だったのだろう

くここから船団を組み信濃川に出、重家方の城である新潟城を攻めたのだろう、と想像をたくましくするばかりである。

江戸時代の書『管窺武鑑《かんきぶかん》』の一節『景勝公新潟御巡見御馬を向けらるる事』がこの戦の様子を詳しく書き記している。『新潟市史読本』が意訳を載せているので、これを参考に経緯を追ってみたい。

新潟城は重家の伯父、新発田刑部左衛門（綱之《つなゆき》）が守っていた。城は阿賀野川と信濃川が合流して海に注ぐ新潟の島にあって、島の名を白山島といった。新発田氏は白山権現の祭ってあるこの島の一端を掘り切って守っているので、攻撃は面倒になっている。だが、白山島に田畑はなく、乗足城《のったりじょう》、新発田城との連絡を遮断してこれを包囲すれば城の兵糧は尽き落城は目に見えている。

天正十三（一五八五）年四月初め、景勝は七千余の軍を率いて出陣し、同十二日新潟湊に着陣。船で川を上下し示威的挑発をしたが、新潟城からは何の反応もない。そこで景勝は藤田信吉《のぶよし》に攻撃の指揮を執るよう命じる。

そもそもこの『管窺武鑑』という書は、江戸時代初期の成立で、作者の夏目定吉という人物も父が上杉謙信に仕え、本人も景勝に仕えて、後に山北の一揆鎮圧で活躍したという程度の記録しかなく詳しいことの分からない人物である。『新潟市史読本』の記述を借りれば、夏目定吉は藤田信吉と縁続きで、この書は藤田信吉の手柄話に終わり「正確ではない」としている。以下はそれを踏まえての話である。

藤田は掘り切った場所に土俵で小山を築かせ、石火矢大筒、強弓《つよゆみ》で攻めたてたが、城側も堀垣を作りそこに筵《むしろ》をさげて矢を防ぎ、水弾や投げ玉を使って火矢を消した。

そこで藤田は作戦を変え、大船の上に楼を組んだ「船栖楼《ふなせいろう》」というものを造り、これを城の脇に碇《いかり》を投げて繋《つな》ぎとめ、上から弓、鉄砲を撃ちかけた。これに対し城側は小舟に厚

福島潟　当時の信濃川河口付近もこんな景色だったかもしれない。「盲舟」が隠れるにはちょうどよい葦原だ

板を打ちつけ、舳先《へさき》と船尾だけに出入り口を設けた盲船《めくらぶね》という舟を作り、数十艘で船栖楼の下へもぐり込んで攻撃を仕掛けてくる。そこで船栖楼の舷側《げんそく》に逆茂木《さかもぎ》を打ち付け盲舟の接近を許さず、逆に鎌や熊手で引き寄せて八艘ほどを沈めた。

これに先立つ天正十一年二月には新発田刑部が木場城を攻め、三月には重家自らが攻めている。また木場城の蓼沼、山吉の両将も新潟城を攻めているが戦果はなかったようだ。

『管窺武鑑』「新潟、乗足両城落つる事」の条によれば、新潟城落城は重家の沖の口横領から四年経った天正十三年十一月とある。藤田信吉が新潟の町人玉木屋大《たまきやおお》隈《すみ》と若狭屋《わかさや》常安《じょうあん》の二人を味方に引き入れ、その二人が新潟城内に内応者をつくって新発田刑部をだまし討ちにしたというのである。

ちなみに同時代を記している『上杉年譜』や『新発田重家伝』も同じように新発田軍は町人の手によって打倒されたと書いている。『新潟市史読本』はこれを「新潟の歴史は町人が武士を倒すことから始まった」という表現で紹介している。

上杉の木場城と新発田の新潟、乗足両城との戦は四年以上にも及び、その間、攻城戦や両軍の船団による水上戦が信濃川で何度も繰り広げられたことだろう。木場城跡に設けられた物見の櫓に立つと新幹線、関越道の高架がすぐ間近に見える。時代は変わっても、ここは交通上の要衝なのだなとあらためて思った。

■下越大乱（二）

新潟日報　2008・11・7

信濃川から阿賀野川、加治川にかけての一帯は大きな水郷地帯だった。幾つもの川が加治川や福島潟に集まり、それらが阿賀野川と合流し、さらに信濃川と一緒になって一気に河口へと注ぎ出る。イメージとしてはこんな感じか。どの川も曲がりくねり、場所によっ

福島潟に架かる小橋　放生橋のイメージはまさにこんな感じであったろう。この狭さで背後から襲われたら…

ては少しの雨でも溢《あふ》れたことだろう。現在の信濃川河口から福島潟にかけての一帯は舟で往来できるほどの沼地であったと推察される。

放生橋《ほうじょうばし》古戦場は新発田市五十公野から国道二九〇号を月岡方面に少しばかり行ったところにある。「両側は沼のひろがる細道」—新発田市史は加治川支流のこの泥沼の地をそう表現している。景勝の大軍はここでやむを得ず一列になった。新発田軍はそこを狙って襲いかかった。「一筋道のため先頭の者は引き返して戦いようもなく、しんがりの者が敵にやられるのをただ見ているだけである」（新発田市史より）。大軍を率いて攻めながら冬を前に撤退せざるを得ず、なおかつ手順と道順を誤ってしまったが故の悲劇であった。景勝方はここで多くの将と兵を失い、景勝自身も命からがら笹岡城に引き揚げたようだ。「すでに御難儀にみえける」（『景勝一代略記』）──景勝の窮地のほどがうかがえる。

放生橋はいま地名（法正橋）として残るのみで橋はもう存在していない。神社の祠《ほこら》の前に同名のバス停があり道を挟んで集落が広がっている。収穫を終えた田んぼを照らす秋の日は刈り取られた後の株を赤く染め、山の木々は赤や黄色に燃え、何とものどかな景色である。景勝が大軍を率いてこの地を通ったのは旧暦の九月中旬だが、現在のようなのどかさはまったく感じられなかったに違いない。

両脇は沼、さらに細い道とわずかな幅の橋。連戦に次ぐ連戦で疲れ果てた兵には、この場所の危険性を察知する能力すらもはや残っていなかったのかもしれない。

乱の経緯（一）

織田信長は天正十（一五八二）年三月に武田氏を滅亡させると一気に越後攻略を進める。越中での上杉方の拠点であった魚津城は柴田勝家《かついえ》率いる北陸方面軍に幾重にも包囲され、信濃口からは森長可《ながよし》が、三国峠からは滝川一益《かずます》が次々となだれこんできた。この情勢下、それまで様子見を決め込んできた会津の葦名盛隆《もりたか》が信長への加勢を決める。春日山城の命運が尽きたことは誰の目にも明らかだった。当然、新発田重家もそう感じていたに違いない。

だが、六月に入って間もなく事態は一変する。織田勢が突然軍を引き始めたのだ。一番遅かった滝川一益の軍も九日の晩には姿を消している。六月二日早暁、本能寺で起きた明智光秀《みつひで》の謀反は信長の命を奪い、風前のともしびだった景勝の命運を救った。重家はほぼ手中に収めていた勝利を逃したばかりか一転して滅亡の危機に陥った。

景勝は越中や信濃など信長に奪われた失地の回復を優先させ、重家との戦を後回しにした。九月二日、ようやく新発田と五十公野の間に陣を張る。しかし一連の長陣は軍内に大きな不満と規律の乱れを生み、時をおかず撤退を余儀なくされる。この際に大軍は思いもよらぬ敗戦を食った。放生橋での大敗である。

■信長から秀吉へ

この乱の趨勢《すうせい》は、上杉対新発田という当事者同士の力関係に加え、実は越後国外の情勢に大きく左右されている。

新発田重家が挙兵した時点では、上杉景勝は武田勝頼と、新発田重家は織田信長と緊密な関係を結んでいた。重家挙兵から九カ月後の天正十（一五八二）年三月、信長は武田勝頼を天目山に攻めて滅ぼし、その直後に越中魚津への攻勢を強めた。このときの重家の優位は景勝を完全に圧倒していたといっていい。四月五日には信長方の武将森長可が信州海津城に入城。五月に入ると景勝の窮状ぶりは一段と深刻さを増す。魚津城は柴田勝家に包囲され、三国峠からは滝川一益が、信州口からは森長可が侵攻を始める。会津の葦名盛隆も信長に付き、景勝に残された道は切腹以外にないという状況にまで陥った。それが本能寺の変でとにもかくにも救われる。ただし、重家はまだ織田方の佐々成政と結んでおり、客観的な優位性は大して揺らいでいない。景勝は絶体絶命の窮地から解放された喜びからか、そのあたりの状況を見誤ったきらいがある。織田方が跡目争いを演じている隙に重家を叩いておけば戦はもっと早く、楽に片付いていたかもしれない。だが景勝はそうしなかった。失地の回復を優先させ重家討伐を後回しにした。景勝がようやく重家討伐に動いたのは秋も半ば、九月に入ってからであった。冬を前に兵を引く、この後たびたび見られる重家討伐のパターンである。

天正十年は景勝にとって激動の年になった。春には絶体絶命の窮地に陥っていたのが、夏になると一転、信長亡き後の覇権を争う羽柴秀吉、柴田勝家の両陣営から誘いを受けるようになる。しばらくは動静を見守っていた景勝だったが、明けて天正十一年正月、ついに秀吉に誓詞《せいし》を差し出す。この時点で越中の佐々成政はまだ柴田方である。勝家は成政に越後侵攻を命じ、双方の戦闘が再開される。賤ヶ岳《しずがたけ》の戦いを前に、秀吉は景勝に越中へ兵を進めるよう書簡を送ったが、ちょうどそのころ、北条氏政《うじまさ》が厩橋《うまやばし》方面に、徳川家康が信州口に、それぞれ勢力を伸ばしてきたため、景勝は秀吉の要請に応えられなかった。この事が後に秀吉の怒りを買う。

四月、秀吉は勝家を北庄《きたのしょう》に攻めて滅ぼした。佐々成政は秀吉に降伏し、秀吉も成政の本領と越中の支配権を安堵した。この状況で、景勝は先の違約を責められる。成政は秀吉から今後越後をどうするかという裁量権も与えられており、腹の内では、長く気脈を通じてきた新発田重家を新たな越後の支配者として秀吉に承認させるつもりであった。景勝は恐らくその動きを知っていたのだろう、秀吉に使者を送り、あらためて誓詞を呈上している。

秀吉は未だ景勝を承認するかどうか決めていない。成政は越後の支配をもくろんでいるのでしきりに侵攻の機会をうかがっている。このことは新発田重家にとって有利な状況だったといえる。逆に景勝は自己の存亡を賭けて重家と戦わねばならない立場に追い込まれていた。放生橋での敗戦から二年、景勝は再び動く。天正十二年八月十八日、新発田の地が稲穂の黄金色に輝くころ、八幡砦《やわたとりで》において両軍は激突した。

■八幡表の戦い

戦はいつの時代もそうだが、両軍互いに譲れない場所、言い換えれば戦略上重要な拠点が激戦の舞台になる場合が多い。特に橋や一本道など補給路が絡むと決まって激戦となる。この八幡という場所はまさにそういう場所であった。

新発田重家の補給物資は主に越中の佐々成政と会津の葦名盛隆が送っていた。越中からの物資は新潟津から、会津の物資は塩の道を通って赤谷から入ってきていた。いずれのルートも新発田へ運び入れるには湿地を通る以外になく、陸路は限られていた。上杉軍は当然のこととして、新潟、会津各方面との連絡を遮断するべく、この辺りの補給線を分断したかったに違いない。二年前、すぐ近くの放生橋で思わぬ大敗を喫しただけに景勝にも期するものがあったであろう。

八幡集落の入り口に立つと、この地域が幾度となく激戦の地になった理由が分かる気がする。いま水田の中に立つ土地改良地区の記念碑は、ここがかつて泥沼地であったことを物語っている。かつての水郷の名残、福島潟はこの集落の真西にあたる。恐らく今田んぼ

八幡表古戦場付近　この辺りは沼地の中の小丘にあたる

になっている所はほとんどが沼地だったのだろう。その沼地の中、浮島のようにポツリポツリと低い丘陵地が点在する。この丘陵地が攻め手を迎え撃つ陣地の役割を果たしたのだろう。重家はこの浮島の一つに砦を建てた。それが八幡館《やわただて》である。東に加治川、北に五十公野、南に放生橋という位置関係で、特にこの丘陵には清水が湧いた。放生橋のいわれとなった放生の水はこの集落の八幡神社に今も祭られている。

放生橋の敗戦で奪われた水原城を一年ぶりに奪還した上杉軍は、次に赤谷城を落とそうと景勝自らが本軍を率いて進軍を始めた。重家にとって赤谷城は会津からの補給を確保する上で戦略上重要な拠点である。何としてでもここは守らねばならず、自ら兵三千を率いて城を出る。互いに主を頂き、大いに士気の上がる両軍は二年前と同じ泥沼の地で進軍を止めた。八月十八日、砦を置く八幡表《やわたおもて》で激突した。銃撃戦で始まった戦はやがて乱戦となりなかなか勝敗がつかない。新発田勢が圧し、景勝方が次第に圧迫されるという状況がしばらくのあいだ続いた。ちなみにこの際、直江兼続が途中から参戦しているが、やはり苦戦したようである。

新発田勢がいよいよ本陣に迫ろうかというとき、景勝自らが動いた。翌日、小倉伊勢《いせ》入道《にゅうどう》に送った景勝の書状によれば、自ら馬にまたがり戦場に駆けつけたとある。旗本は主を守るべくさぞ懸命に槍をふるったことだろう。やがて新発田方の城、浦村城が落ち、新発田勢は思わぬ挟撃を受けて苦戦に陥る。何とか勝利を拾った格好の上杉軍だったが、新発田城を攻め落とすのは容易なことではないとあらためて思い知らされ、黄金色に実った稲穂を刈り、赤や黄や緑で賑わう畑を焼き払って、九月、再び兵を引いた。

■秀吉の覇権

織田信長の次男信雄《のぶかつ》は次第に秀吉との関係が険悪になり、徳川家康と結んで戦を起こした。小牧《こまき》・長久手《ながくて》の戦いである。戦は小牧山をいち早く押さえた家康が優勢に進めるが、肝心の信雄が秀吉の甘言に乗り、家康に何の断りもなく和睦《わぼく》してしまったため、勝っていたはずの家康が戦の大義名分を失ってしまい、いつの間にか和睦せざるを得ない状況に追い込まれるという不思議な戦となった。

この戦で佐々成政は家康に味方し、後に秀吉の大軍に攻められて降伏する。これで新発田重家の後ろ盾はいなくなったことになるが、秀吉政権内にも重家の助命を主張する者がいて、秀吉もその意向を酌んで景勝との調停を試みた。だが、重家は従わず、あくまで徹底抗戦する覚悟をあらわにした。

「下人め、緩怠者（無礼者の意）」とののしり、もはや絶対に許さない、重家の首を断固はねてしまえ」（『新発田市史』より）秀吉は重家の態度に怒り、ついに景勝に対し重家討伐を命じる。時に天正十四（一五八六）年十一月四日、新発田城の挙兵から実に六年以上の歳月が流れていた。

■下越大乱（三）

新潟日報　2008・11・24

「新発田落城のとき因幡守（重家）は備前兼光《びぜんかねみつ》の三尺三寸の太刀を抜き、染月毛《つきげ》の馬に乗

福勝寺山門と重家の像　新発田藩初代藩主溝口秀勝公がこの地に墓を建て、丁重に霊を慰めたと伝えられる

り、精兵七、八百人で景勝の先手を数度切り立て、ついに色部修理《しゅり》の備《そなえ》にのり込み討死した。色部の家臣がその首をはねた」（越後史書の上杉将士書上＝新発田市史の訳文のまま）。新発田重家の壮絶な最期を書き記した一節である。城の表門を旧臣猿橋和泉守《いずみのかみ》の裏切りによって破られた重家はやむなく本丸に籠もる。この機を逃さず寄せ手の大将藤田信吉は自ら先頭にたち激しく攻め立てた。一説ではこの際、藤田と重家が槍《やり》を交えたとあるが真偽のほどは定かでない。二重の深い堀と高い土手、仕掛けの利いた塀が行く手を阻み城攻めは難航を極めたようである。足かけ七年の長きにわたる死闘の末の、これが最後の戦となった。

江戸の初期に書かれた軍記物『管窺武鑑』によれば、大手口（表門）は城の北側にあり、町は南側の搦手口《からめてぐち》（裏門）を中心に発展したという。溝口氏時代とは大手口と搦手口が逆だったことになる。

猿橋和泉守の裏切りにより戦場は主に城の北側をめぐる攻防だったと推察される。後の時代、溝口氏はこの辺りを「古丸」と称し、本丸の背中として城域に取り込んだ。歩いてみたいところだが残念ながら今は自衛隊の敷地内にあり跡をたどることはかなわない。もっとも何度も敵の焼き打ちを受け焦土と化した城門の面影など残っていようもなかろうが。

ここはひとつ重家の姿をと思い、福勝寺（新発田市中央町）を訪ねた。福勝寺はもともと新発田氏の菩提寺で、重家の首は一族の墓と共にここに弔われている。墓所のほかに、重家の霊を慰める御堂や、山門脇には重家の銅像も座っている。この辺りは景観の整備も進んでいて、散策するにはもってこいの場所だ。

重家公の銅像に手を合わせ目を閉じると一陣の風がほおを叩《たた》いていった。まぶたの裏に一瞬、荒々しく駆け抜ける騎馬武者の姿が浮かんだ。風は冷たく、見上げた空は抜けるようであった。

乱の経緯（二）

賤ヶ岳の戦で柴田勝家が敗れた後も佐々成政は秀吉に従いなおも越中にとどまった。成政は秀吉から景勝征伐の命を受けており、しきりに越後侵入の機会をうかがっていた。新発田重家はその成政と気脈を通じていた。景勝にとって重家との戦はもはや自らの生存を賭けた政治闘争へとその姿を変えていたのだった。

天正十（一五八二）年から十四年にかけて両軍は幾度も激突する。だがその間にも秀吉と家康の確執、佐々成政の失脚など上方《かみがた》における情勢の変化がことごとく影響を及ぼす。その流れをとらえながら景勝は時の権力者である秀吉と徐々に関係を深めてゆく。一方重家は無骨ともとれるほど、かたくなに戦の道を貫き通した。時代の流れが景勝を救い、重家を打ち捨てたともいえる。天正十四年七月には新潟城陥落、そしてついに十一月四日、秀吉は景勝に対し新発田重家討伐を命じる。これを受け景勝が府内を発したのは翌天正十五年四月四日のことであった。

『新発田市史』は重家の怨霊《おんりょう》伝説を紹介している。

(一)浜の魚売りは子孫でも、重家の墓前はおろか、福勝寺の門前を通っても必ず鼻血を出す。

(二)命日には霊魂が愛馬染月毛にまたがり、ありし日の面影そのままに城下を走り回る。これに出会った者は直ちに行方不明となるか、または幾ばくもなく病気で死んだ。

(三)鴻沼谷内の陰火は重家の怨霊の火である。

新発田市中心部の北、加治川の南側に大谷内、中谷内などの名が今もあるので、谷内とは恐らくこの辺りであろう。鴻沼は「ひしくいぬま」と読むのか「おおとりぬま」「こうぬま」と読むのかは分からない。ともかくも加治川が作りだした鴻沼という大きな沼があって、そこの谷内と呼ばれる場所で時折青火が見られたのであろう。

重家の怨霊伝説はほかにも多く存在するらしい。重家に対する評価は、「上杉方も賞賛を惜しまなかったほど高いものがあり、これが元禄時代には軍記物によって一段と高められた」と『新発田市史』は書いている。

重家はあくまで敗軍の将である。従って勝利した側の上杉氏から見れば謀反者というこ

■重家怨霊伝説

とになる。しかしこの戦の発端は論功行賞の不公平さにある。重家は景勝と上田衆の横暴に対して蜂起したのだと受け取れなくもない。恐らく戦が始まった当初は重家に同情する者も大勢いたに違いない。だが、信長が倒れ、佐々成政が潰され、次々と後ろ盾がいなくなる中で、重家の評価は次第に上杉氏にのみ込まれていったのであろう。それでも重家は降伏しなかった。

「俺の意向に従えぬ者は容赦しない」。秀吉の天下統一に懸ける思いと、その方法論の一端がうかがえる。幕府という組織ではなく秀吉という個人に従わせようという発想である。重家はまるで上から俯瞰《ふかん》するような秀吉の胸三寸ぶりに強い反感を覚えたのかもしれない。謙信が唱えた「義」とは明らかに異質なものに思えたのであろう。

あの本庄繁長でさえ踏み込めなかった境地に、あるいは到達していたのかもしれない。福勝寺の門前に座る重家公の像に手を合わせると、そんな思いが胸をよぎった。

新潟日報　2008・12・1

■落日の丘

新発田市五十公野。最後にこの地を選んだのは、ここで起きた落城の惨劇が「黄昏《たそがれ》」という言葉とあまりによく重なるからである。

惨劇の主は城主である五十公野道如斎。新発田重家の妹婿で、謙信の寵愛《ちょうあい》を受け、側近として諸将の取り次ぎを行い、三条の地を賜り町奉行も任されていた。謙信の突然の死さえなければ揚北衆きってのエリートとして府内の重鎮におさまっていたかもしれない。だが御館の乱で主流派が上田衆に代わったことで、すべてが変わる。景勝方に付いたにもかかわらず主流派から外れ、三条の権益をも失った。義兄である重家と共に景勝と上田衆に反旗を翻した彼の気持ちは同情さえ覚えるほど理解できる。勢いに乗じて郷土を蹂躙《じゅうりん》しようとする上田衆への怒りと反感は、本来彼が持っていた聡明さと先見性を凌駕《りょうが》してしまったのかもしれない。

五十公野城跡　五十公野城跡の本丸を守る二重堀の辺り。道如斎非業の最期はこの堀に架かっていたとされる二の見橋の上であった

十月の初め、よく晴れた日の夕暮れ時に五十公野城跡を訪ねた。登り口の階段は草に覆われ、色を変え始めた山の木々は時折吹く風に夕日の輝きを揺らしていた。城跡は新発田東中学校のグラウンドのすぐ隣にある。どこにでもある小山、いや丘で、この程度の山城が七年ものあいだ戦に耐えたなどとても信じられない。もちろん本来の城域はもっと広かったのだろうが、いま遺構が確認できるのは本丸にあたるこの小丘のみである。丘を少し登ったところにあったとされる「二の見橋」で悲劇は起きた。

天正十五（一五八七）年十月十三日、景勝は五十公野城の東に陣を移し、山の頂にさらに山を築いて敵城を眼下におき、執拗《しつよう》に火矢、大筒を撃ちかけた。そこへ直江兼続、藤田信吉など、府内きっての武将が攻め寄せた。この圧倒的な兵力を前に世の常として内応者が出る。「われらの生命を助けてくださるなら主人の道如斎を討ちとって差し出しましょう」（新発田市史より）と申し出たのは、こともあろうに「家老の河瀬次太夫《じだいゆう》と近習の隊長三人であった」（同）。

同二十三日、搦手から敵が押し寄せると道如斎は自ら打って出た。だがこれは陽動で、藤田信吉率いる一隊が虎口《こぐち》から攻め上がり、木戸は内応者の手によって開かれた。城内はたちまち火に包まれ、道如斎は仕方なく本丸に入ろうとする。が、「二の見橋の上で羽黒権《ごん》太夫《たいゆう》が情もなくこれを馬上から引落とし、渋谷、河瀬がその首をかき取り、藤田の前面に持参した」（同市史）。側近が主君をだまし討ちにするという前代未聞の裏切りにより五十公野城はその日のうちに落城する。七年という長さがそうさせたのか、あるいは道如斎に相応の欠陥があったのか、理由はどうあれ胸が悪くなりそうな凄《すさ》まじい裏切りである。

かつて高城《たかじょう》に立て籠《こ》もって反旗を翻した長尾外記《げき》入道《にゅうどう》は謀殺された主君の仇《あだ》を討つため捨て身の戦に打って出た。それからわずか二十年、外記入道のような「武者」はいつしか姿を消し、河瀬次太夫や羽黒権太夫のような小才の徒が幅を利かすようになる。流れに乗れた者だけが生き残れる時代、強烈な個性と気概を持った彼ら「武者」たちは、府内を掌握した上田衆という新たな地縁集団によりいよいよ黄昏のときを迎える。それは一方で新しい時代への淘汰《とうた》だったのかもしれない。五十公野の丘は夕日に照らされ赤く燃えるようであった。

■越後という国の黄昏

主の無念を晴らすため勝ち目のない戦に挑んだ高城の面々は、家老の長尾外記入道を筆頭に全員が討死して果てた。

本庄繁長は上杉軍団に城を包囲され、しかも武田信玄にだまされたと知った後も内応者

黄昏に謙信は何を見ているのか
やはり象徴的な立像である

を出すこともなく十カ月もの間、厳しい包囲戦を戦い抜いた。

北条《きたじょう》高広《たかひろ》は乾いた土地で、気位の高い旧態然とした武士団を相手に悩み抜きながら次第に追い詰められていった。二度までも叛《そむ》いた高広だったが、謙信はこの男の苦悩を知ってか、旧領を戻し三たび重用する。高広の人となりを家来もよく理解していたのだろう、この間叛いた者はなかった。

謙信は越後を一つにするため高い理想を掲げ、一定の価値観をあえて押し付け、他の価値観を認めなかった。反乱はそのひずみの中で生じていった。起こした側にも起こされた側にもそれぞれの正義が存在し、またそのことを謙信自身ある程度理解していたものと思われる。

御館の乱で三条城を根城に最後まで景勝に抗《あらが》った神余親綱は、三条を基盤とする国人領主ではなく、謙信が育てた府内の官僚であった。親綱は最終局面で家臣に裏切られ非業の最期を遂げるが、それは本人の人格もさることながら、旧領主山吉氏が景勝に内応するようかつての家臣に持ちかけたことが主な理由といえる。神余親綱の最期は、言い換えれば、土地の権益に左右されない武士集団をつくりたいという、謙信の掲げた理想の終焉《しゅうえん》でもあった。それは長沢義風、後の五十公野道如斎信宗の最期でよりはっきりと現れることになる。

長沢義風はもともと越中湯山城主、長沢光国《くにみつ》の小姓であった。永禄十二(一五六九)年、謙信が能登《のと》を攻略した際、謙信の知遇を得、上杉家に仕え始める。後に三条の町奉行を任され、そのころ、新発田重家(その当時は五十公野治長)の妹婿になった。謙信があえて地縁を持たせず府内で育成した典型的な官僚武士である。重家の兄で新発田氏当主の長敦が急死したため、弟の重家が新発田氏を継ぎ、空いた五十公野氏を義風が継いだ。地縁がないといえばそれまでだが、少なくとも妻は先代、当代の妹である。当然家臣は忠義を尽くすのが道であろう。神余親綱を裏切った家臣は旧領主に強く持ちかけられ、やむなく事に及んだきらいがある。だが、五十公野氏の家老・河瀬次太夫や近習・羽黒権太夫、渋谷某らは側近でありながら進んで内応を申し出、しかも後ろから襲って首を斬っている。謙信が掲げた「義」の理想も、地縁に縛られない武士の理想もすべて打ち破られた瞬間だったといえよう。越後はこの後、上田衆という巨大な地縁集団に支配されることになる。

五十公野の丘の落日は、謙信が掲げ、外記入道や繁長が抗った大きな理想の落日でもあった。越後はもはやかつての越後ではなく、秀吉が支配する国の一部になったのである。

あとがき

「レキジョ」なるものがブームだそうである。

レキジョは「歴史女子」の略で漢字に直すと歴女となる。

毎日新聞のＨＰ「毎日ＪＰ」の二〇〇九年二月二十日の記事によれば、女性の六割が歴史好きなのだそうだ。三十代、四十代が中心で、特に戦国武将に興味があるという。

別のＨＰは、戦国時代を舞台にしたゲームがきっかけと、この現象の源を探っている。

ちなみに、好きな武将の一位は真田幸村、以下石田三成、直江兼続と続く。

面白いのはその志向性で、従来のような信長、秀吉、家康といったメジャー級ではなく、幸村、三成、兼続など、話をするのにやや深い知識を必要とする人物が人気なのが特徴である。同じＨＰによれば、どうやらキーワードは「義」らしい。

その人物の歴史的意義などという、面倒な見方は一切排し、キャラクター的魅力に徹しているところが、このブームの特徴といえる。

やっとそういう時代が来たかと、非常にうれしく思う。

かつては厳《いか》めしく遠い存在だったクラシック音楽が、最近では随分と身近なものになっている。歴史もそうありたいものだ。キャラクター志向でも何でもいい。今でない時代に答えを探す。そこにこそ、この閉塞した社会を打破する鍵が隠されているように思えてならない。

現代女性はその多くが社会の第一線を経験している。今も現役バリバリという方も少なくない。そういう彼女たちが担い手なら、このブームは決して一過性で終わることはないだろう。なぜなら、日々の生活、特にストレスと結びついているからである。温泉、旅行、食事、それらとほぼ同じレベルで本やゲームが存在し、そのソフトとして歴史が好まれている。

新しい歴史の時代が始まりそうな予感がする。本書がその一端でもとらえていてくれたならと、切に願うとともに、決して悪くはない焦りのようなものを感じて、軽い闘争心を燃やしている今日このごろである。

二〇〇九年十月

渡辺　れい

■史料・参考文献

『北越軍記』／『北越軍談』／『管窺武鑑』／『越佐史料』／『本庄家記録』／『上杉家文書』大日本古文書／『毛利安田氏文書』

『新潟県史』／『下田村史』／『栃尾市史』／『栃尾の城館』栃尾市教育委員会／『高城の流れ』丸山数政／『村上市史』／『朝日村史』／『柏崎市史』／『上越市史』／『頸城村史』／『笹神村史』／『新潟市史』／『新潟市史読本』／『新発田市史』／『越後歴史考』渡邊三省

渡辺《わたなべ》　れい

本名・渡邊 豊。一九六一年、新潟市に生まれる。

新潟南高校、京都花園大学文学部史学科卒。

「あがり屋」で第九回にいがた市民文学・文学賞（二〇〇六）、「峠」で第二十回新潟日報文学賞・正賞（二〇〇六）、「木守り」でさきがけ文学賞最終選考（二〇〇七）、「月と番傘」で第十回にいがた市民文学・文学賞を受賞。

現在北越銀行勤務

撮影／春嘉　長岡市生まれ。新潟市在住。県内を中心に活動中。

越後歴史紀行《えちごれきしきこう》　武者《むしゃ》たちの黄昏《たそがれ》

平成21（2009）年10月26日　初版第1刷発行

著　者　渡辺　れい
発行者　徳永　健一
発行所　㈱新潟日報事業社
〒951-8131
新潟市中央区白山浦2-645-54
TEL 025-233-2100　FAX 025-230-1833
http://www.nnj-net.co.jp/

落丁・乱丁本は送料小社負担にてお取り替えします。

定価はカバーに表示してあります。


ISBN978-4-86132-361-4